Carl-Auer

Fritz B. Simon

Einführung in die Systemtheorie des Konflikts

Fünfte Auflage, 2022

Umschlaggestaltung: Uwe Göbel
Satz: Verlagsservice Hegele, Heiligkreuzsteinach
Printed in Germany
Druck und Bindung: CPI books GmbH, Leck

MIX
Papier aus verantwortungsvollen Quellen
FSC® C083411

CPI klimaneutral
Mehr Bäume.Weniger CO_2

Fünfte Auflage, 2022
ISBN 978-3-89670-746-8 (Printausgabe)
ISBN 978-3-8497-8362-4 (ePub)

Bibliografische Information der Deutschen Nationalbibliothek:
Die Deutsche Nationalbibliothek verzeichnet diese Publikation in der Deutschen Nationalbibliografie; detaillierte bibliografische Daten sind im Internet über http://dnb.d-nb.de abrufbar.

Informationen zu unserem gesamten Programm, unseren Autoren und zum Verlag finden Sie unter: **https://www.carl-auer.de/**.
Dort können Sie auch unseren Newsletter abonnieren.

Carl-Auer Verlag GmbH
Vangerowstraße 14 • 69115 Heidelberg
Tel. +49 6221 6438-0 • Fax +49 6221 6438-22
info@carl-auer.de

Inhalt

1 Einleitung ... 7

1.1 Wozu Konflikttheorien nützen ... 7

1.2 Warum *Systemtheorie* des Konflikts? ... 8

2 Definitionen ... 11

2.1 Konflikt ... 11

2.2 Beobachten ... 14

2.3 Entscheidung ... 17

2.4 Aktive und passive Negation – Starke und schwache Konflikte ... 19

2.5 Psychische Systeme und soziale Systeme als autopoietische Systeme ... 25

3 Konfliktfelder ... 30

3.1 Konstruktionen („Landkarten“, 2. Unterscheidung, Indication) ... 30

3.1.1 Beschreiben ... 31

3.1.2 Erklären ... 33

3.1.3 Bewerten ... 37

3.2 Wirklichkeiten („Landschaften“, 1. Unterscheidung, Distinction) ... 39

3.2.1 Sachdimension ... 39

3.2.2 Sozialdimension ... 41

3.2.3 Zeitdimension ... 46

3.3 Konfliktmatrix ... 50

4 Psychische Konflikte ... 52

4.1 Psychologische Modelle ... 52

4.2 Fühlen und Denken ... 56

4.3 Ambivalenzen ... 61

4.4 Themen ... 62

4.5 Die Selbstorganisation psychischer Konflikte ... 64

5 Soziale Konflikte ... 73
5.1 Kurzzeit-Konflikte ... 73
5.2 Kollusion ... 75
5.3 Strukturelle Konflikte ... 78
5.4 Der Beginn von Konflikten – Die Störung der expressiven Ordnung ... 81
5.5 Eskalation ... 85
5.6 Paradoxe Konflikte ... 92

6 Die Funktion von Konflikten ... 94
6.1 Parasiten ... 94
6.2 Veränderung des Beziehungsmusters ... 96
6.3 Triangulation ... 99

7 Lösungsmuster und Interventionsstrategien ... 101
7.1 Differenzieren und Sortieren ... 101
7.1.1 Beschreibung ... 102
7.1.2 Zeithorizont ... 103
7.1.3 Bewertung ... 104
7.1.4 Erklärung ... 106
7.2 Ausstiegsmöglichkeiten ... 107
7.3 Einführung/Einmischung einer höheren Macht ... 110
7.4 Der neutrale Dritte – Berater, Vermittler, Mediator, Schlichter, Konfliktmanager, Therapeut 112
7.4.1 Setting ... 116
7.4.2 Negative Zieldefinition ... 117

8 Zehn praktische Tipps für die Lösung von Konflikten ... 119

Literatur ... 123
Über den Autor ... 126

1 Einleitung

1.1 *Wozu Konflikttheorien nützen*

Konflikte gehören zu den Phänomenen, die wahrscheinlich schon zu grauen Vorzeiten die Menschheit in Spannung versetzten. Zumindest erzählen die Mythen aller Kulturen von Konflikten, die bewältigt werden mussten. Und auch heute handeln die Geschichten, die unser Interesse finden, von Konflikten – psychischen Konflikten oder sozialen Konflikten. Sie werden in den großen Werken der Weltliteratur beschrieben wie in der Regenbogenpresse, auf den Seiten überregionaler Tageszeitungen und lokaler Käseblätter. Konflikte erlebt jeder fast jeden Tag, mal größere, mal kleinere – sei es in einer Paarbeziehung, der Familie, einer Organisation oder im öffentlichen Leben. Es gibt keine Bereiche gesellschaftlichen Lebens, in denen keine Konflikte zu beobachten sind. Und Individuen, die nie persönliche Konflikte durchleben, sind relativ selten. Über sie gibt es keine interessanten Geschichten zu erzählen (außer vielleicht psychiatrische Krankengeschichten).

Von Konflikten zu erzählen, ist etwas anderes, als Theorien über sie zu entwickeln. Ein wesentlicher Unterschied besteht in der Beobachterperspektive. Theorien erklären die Geschehnisse aus der Sicht des außenstehenden Zuschauers. Geschichten hingegen eröffnen den Zugang zur Innenperspektive, dem Erleben der beteiligten Akteure.

Fragt man, wozu Konflikttheorien gut sein könnten, so lautet die Antwort: Sie ermöglichen es denen, die in Konflikte verwickelt sind, den Verlauf von Geschichte(n) zu verändern. Denn es sind – wenn man von impulsiven, unreflektierten Aktionen in der Hektik des Geschehens einmal absieht – unsere impliziten und expliziten Theorien, die bestimmen, wie wir uns in Konfliktsituationen verhalten. Ändern wir unsere Theorien, so ändert sich auch unser Verhalten. Je nachdem, an welchen Vorannahmen und Hypothesen wir uns orientieren, kommen wir zu unterschiedlichen Ideen darüber, wie Konflikte gelöst werden könnten. Theorien haben daher pragmatische Bedeutung, und man kann gar nicht sorgfältig genug bei ihrer Wahl sein. Denn sie können aufgrund ihrer Handlungskonsequenzen (buchstäblich) lebensgefährlich sein.

Ziel des vorliegenden Einführungstextes ist, eine *Systemtheorie* des Konflikts zu skizzieren. Das heißt, es werden Unterschiede zu anderen Konflikttheorien in den Mittelpunkt des Interesses gerückt, die aus den spezifischen Eigenarten systemtheoretischer Modelle resultieren (wer einen nahezu enzyklopädischen Überblick über den Stand der Konfliktforschung und des Konfliktmanagements sucht, sei verwiesen auf Glasl 2010). Sie sollen demjenigen, der innere Konflikte durchlebt oder in Konflikte mit anderen verwickelt ist, eine Außenperspektive auf das Geschehen eröffnen und ihm die Logik von Konfliktdynamiken durchschaubar machen; dies nicht um der bloßen Erkenntnis „an sich“ willen, sondern um alternative Verhaltens- und Interaktionsstrategien sowie Prinzipien der Konfliktlösung ins Blickfeld zu rücken, die nicht immer dem Alltagsverständnis entsprechen (das ja oft genug zu destruktiven Konfliktverläufen führt).

Konfliktlösungen erfordern von den direkt Beteiligten manchmal antiintuitives Verhalten, d. h. ein bewusstes Entscheiden, das ihren spontanen, emotionalen Handlungsimpulsen zuwiderläuft. Und manchmal bedürfen sie der Intervention eines Dritten, der nicht direkt in den Konflikt involviert ist. Das kann ein neutraler Berater, Konfliktmanager, Therapeut, Organisationsberater, Mediator oder Schlichter sein, es kann aber auch eine übergeordnete Autorität sein, eine „höhere Macht“, die sich um ihrer eigenen Ziele willen in den Konflikt einmischt. Auch denen, die solche Funktionen ausüben, soll ein Interpretationsraster zur Verfügung gestellt werden, aus dem sich Lösungs- und Interventionsstrategien ableiten lassen – so ist zumindest die Hoffnung …

1.2 *Warum* Systemtheorie *des Konflikts?*

Systemtheorien – es gibt verschiedene Versionen – sind sehr abstrakt. Das hat den Vorteil, dass sie auf sehr unterschiedliche Phänomenbereiche angewandt werden können. Allerdings führt dieser hohe Abstraktionsgrad dazu, dass ihre praktische Nützlichkeit davon abhängt, ob die Füllung der abstrakten Formen mit konkreten Inhalten gelingt. Nur dann können alltäglich beobachtbare und erlebbare Prozesse auf eine neue, manchmal überraschende Weise zueinander in Beziehung gesetzt und bislang undurchschaubare Wechselbeziehungen rekonstruiert werden.

Wie der Begriff *System* nahelegt (griech. „Zusammengestelltes"), beschäftigen sich Systemtheorien mit *zusammengesetzten Einheiten*, d. h. im Einzelnen: (1) den *Elementen*, aus denen sie zusammengesetzt sind, (2) internen *Wechselbeziehungen* und *Strukturen* sowie (3) den *Umwelten*, gegen die sie sich als *Einheiten* (Systeme) abgrenzen (lassen), und (4) den Wechselbeziehungen und Strukturen von *Systemen* und ihren *Umwelten*.

Die hier verwendete Variante der Systemtheorie wird im Allgemeinen „systemisch-konstruktivistisch" genannt, weil sie einen Schritt weiter geht und – erkenntnistheoretisch wichtig – den Beobachter mit in ihre Konzepte einbezieht. Untersucht wird immer das Meta-System (= zusammengesetzte Einheit), das aus *Beobachter und beobachtetem System* gebildet wird. All die gerade angeschnittenen Fragen nach der Wechselbeziehung der Elemente eines Systems etc. richten sich daher auch auf die Beziehung zwischen Beobachter und beobachtetem System bzw. auf den *Prozess* des Beobachtens.

Im Bereich der Humanwissenschaften erscheint diese Einbeziehung des Beobachters nahezu selbstverständlich. Denn hier haben wir es ja immer mit der doppelten Identität des Menschen zu tun: als beobachtetes System, z. B. in Biologie, Medizin, Psychologie oder Soziologie, und als beobachtendes System, das andere Menschen – sei es im Alltag, sei es in der Wissenschaft – beobachtet. Deswegen ist die Selbstbezüglichkeit der so gewonnenen Erkenntnisse nicht nur nicht zu vermeiden, sondern sie ist Zweck der Anstrengung. Man forscht, um neue Handlungsmöglichkeiten zu gewinnen – nicht nur im Umgang mit Individuen, sondern auch für die Intervention in soziale Systeme –, das heißt, um im Idealfall *nachher* etwas anders machen zu können als *vorher*.

Die Nützlichkeit systemischen Denkens für die Konflikttheorie resultiert daher, dass es auf alle psychischen wie sozialen Phänomene anwendbar ist. Auf die Psychologie, die Politik, die Wirtschaft, die Wissenschaft, die Erziehung, die Religion, den Sport etc. wie auch den Alltag des „Mannes auf der Straße" – kurz gesagt: auf alle Bereiche, in denen Konflikte zu beobachten sind.

Auch wenn die im Folgenden verwendeten systemtheoretischen Modelle einen relativ hohen Abstraktionsgrad aufweisen, kann der Leser beruhigt sein: Alle begrifflichen Besonderheiten werden, wo nötig, im Laufe des Textes geklärt, sodass keine theoretischen Vorkenntnisse nötig sind (sie stören aber auch nicht ...). (Wer hier etwas tiefer einsteigen will, sei verwiesen auf Simon 2006.)

Dass im Titel von einer Theorie *des* Konflikts die Rede ist, mag verwundern, denn jeder Konflikt erscheint ja denen, die in ihn verwickelt sind, einzigartig. Doch wenn man eine konstruktivistisch-systemtheoretische Perspektive anlegt, dann wird deutlich, dass alle Konflikte – so unterschiedlich sie sich im Einzelfall auch darstellen mögen – einem sie charakterisierenden und verbindenden Muster folgen. Es ist eine Prozesslogik, die *unabhängig* von den konkreten Akteuren mit einer gewissen Wahrscheinlichkeit, ja, fast zwangsläufig, die Dynamik von Konflikten bestimmt – seien sie psychisch oder sozial. Doch diese Logik wirkt nur *fast* zwangsläufig, das heißt, wenn die beteiligten Akteure sich ihrer bewusst sind, dann können sie die vermeintliche Automatik dieser Muster unterbrechen und sich in einer Weise verhalten, die zur Beendigung – oder auch zur Verschärfung – des Konfliktes führt.

Dass Konflikte nicht nur nicht zu vermeiden sind, sondern gelegentlich vom Zaune gebrochen oder verstärkt werden *sollten*, muss hier zu Beginn ausdrücklich betont werden. Denn in der Regel wird immer nur thematisiert, wie sich Konflikte vermeiden, lösen oder schlichten lassen. Konflikte genießen einen ausgesprochen schlechten Ruf. Doch das haben sie nur zum (wenn auch ziemlich großen) Teil verdient. Denn dass es ohne Konflikte keine Veränderung und keine Entwicklung gibt – sei es psychisch, sei es gesellschaftlich –, darf als gesichert angesehen werden. Ob irgendwelche konkreten Konflikte positiv oder negativ zu bewerten sind, entscheidet der Beobachter. Dass es über diese Bewertung ebenfalls zum Konflikt kommen kann, sollte auch klar sein ...

2 Definitionen

2.1 *Konflikt*

Der Gebrauch bestimmt die Bedeutung eines Begriffes. Im Lateinischen steht *confligo* transitiv für „ich schlage zusammen", „vereinige" bzw. vergleichend „halte zusammen" oder intransitiv für „zusammenstoßen", „aneinandergeraten", „kämpfen". Wenn wir auf den alltäglichen Gebrauch des Begriffs Konflikt schauen, so wird deutlich, dass er fast ausschließlich für soziale und psychische Prozesse benutzt wird. Wenn materielle Objekte zusammenstoßen (z. B. Autos), dann nennt man das nicht Konflikt, sondern Unfall. Es geht nicht um ein primär materielles Geschehen, sondern ein ideelles, genauer gesagt: um Prozesse, in denen mit *Sinn* operiert wird. Im Bereich psychischer Systeme haben wir es mit Gedanken und Gefühlen und schließlich deren Konsequenzen auf der Handlungsebene zu tun, im Bereich sozialer Systeme mit der Kommunikation von Gedanken und Gefühlen und deren Konsequenzen in der Interaktion bzw. bei der Fortsetzung der Kommunikation.

Als Konflikt soll ein Kommunikationsprozess (= sozialer Prozess) oder Denk- und Fühlprozess (= psychischer Prozess) definiert werden, bei dem eine *Position* (z. B. ein Wunsch, eine Handlungsanweisung, -option oder -wirkung, eine Sichtweise, eine Bewertung etc.) *verneint* wird und diese *Negation* ihrerseits *verneint* wird. Auf diese Weise kommt es zu einer mal länger, mal kürzer dauernden *Oszillation* zwischen den Positionen, die sich gegenseitig negieren, ohne dass es zu einer Entscheidung käme. Dieser Typus von *Sinnsystem*, der durch einen Prozess fortgesetzter *Negation der Negation* gekennzeichnet ist, soll „Konflikt" genannt werden. Sein Resultat ist ein Zustand der *Unentschiedenheit*. Er währt, solange der Konflikt dauert. Und er kommt zum Schluss (im doppelten Sinn) durch eine *Entscheidung*. Allerdings muss nicht jeder Konflikt mit einer bewussten Entscheidung sein Ende finden, sondern er kann auch erlöschen, weil keiner mehr Freude an ihm findet, er irrelevant oder einfach vergessen wird.

Zum eigenständigen System wird der Konflikt dadurch, dass er von anderen Prozessen im selben Phänomenbereich unterschieden und gegen sie abgegrenzt werden kann. Das gilt sowohl für psychische Konflikte wie für soziale. Wenn ein Individuum z. B. nicht an ein konfliktbesetztes Thema denkt und es nicht in sein Bewusstsein tritt, so erlebt es aktuell auch keinen Konflikt. Dasselbe gilt für die Kommunikation: Solange ein strittiger Punkt nicht in die Kommunikation gebracht wird, findet aktuell kein Konflikt (= keine Konfliktkommunikation) statt.

Um dies zu illustrieren, ein banales Alltagsbeispiel: Nehmen wir ein Paar, das überlegt, wie es den gemeinsamen Abend verbringen soll. Er sagt: „Lass uns ins Kino gehen!", und sie sagt: „Nein." Wenn er sich damit zufriedengibt und die Ablehnung seines Vorschlags akzeptiert, kommt es zu keinem Konflikt. Tut er das aber nicht, sondern besteht darauf, dass sie beide miteinander ins Kino gehen, dann entsteht ein Konflikt. Sie hat seinen Vorschlag abgelehnt (negiert), und er negiert nun ihre Negation: „Doch, wir gehen ins Kino. Ich bestehe darauf!"

Beim Kino-Gehen mag der Streit ein paar Minuten dauern und dann beendet sein, denn er kann sie nicht wirklich ins Kino zwingen (an den Haaren hinzerren). Wenn sie nicht will, ist die Entscheidung klar, der Konflikt endet, auch wenn er „Rabattmarken sammeln" und bei Gelegenheit auf den Vorfall zurückkommen mag.

Ganz anders sieht es aus, wenn er sie nicht auffordert, mit ihm ins Kino, sondern mit ihm ins Bett zu gehen. Denn hier kann die Entscheidung möglicherweise tatsächlich durch Gewalt herbeigeführt werden: Vergewaltigung. Der Konflikt ist durch diese Entscheidung mit ziemlicher Sicherheit nicht beendet, sondern er ändert seinen Charakter: Es geht nunmehr um die Frage, welche Art der Beziehung die beiden miteinander haben und welche Verhaltensweisen von wem zu erwarten sind.

Geht die Auseinandersetzung darum, wer in Bezug auf ein Thema („Welches ist die fortschrittlichere Partei, deine oder meine?") recht hat, so kann der Konflikt auch dadurch ein Ende finden, dass beide das Thema vermeiden, um des lieben Friedens willen. Im Hintergrund mag der Konflikt im Bewusstsein beider dann weiterlaufen, aber auf der Ebene der beobachtbaren Kommunikation findet er nicht statt. Nach einiger Zeit hat das Thema seine Relevanz eingebüßt, oder es wird bewusst vermieden, sodass es nie wieder zum offenen Konflikt darüber kommt. Tabuisierung ist dann ein Lerneffekt des sozialen Systems Zweierbeziehung.

Analoges kann für psychische Konflikte gesagt werden: Ein Mensch steht vor der Frage, ob er den einen oder anderen Partner wählen soll. Der/die eine ist reich und schön, aber untreu, der/die andere ist arm, intelligent und treu (eine durchaus willkürliche Eigenschaftskombination, die jederzeit durch Alternativen ersetzt werden kann): Mit welchem der beiden potenziellen Partner soll er sein weiteres Leben verbringen? Immer, wenn er oder sie sich die Zukunft mit dem/der einen vorstellt, wird deutlich, wie groß der Verlust wäre, der mit dieser Wahl verbunden ist. Und da das bei der Wahl des/der einen wie des/der anderen der Fall ist, bleibt die Frage ambivalent, d. h. unentscheidbar. Ein psychischer Konflikt.

Konstituierend für die Emergenz eines Konflikts ist in beiden Fällen, dem psychischen wie dem sozialen Konflikt, die *Fokussierung der Aufmerksamkeit* auf das konfliktträchtige Thema. Beim psychischen Konflikt muss das *Bewusstsein* darauf gerichtet sein, damit die „zwei Seelen" in der Brust des Betreffenden in Widerstreit miteinander geraten können und er sich hin und her gerissen fühlt. Und beim sozialen Konflikt muss der Fokus der Aufmerksamkeit in der *Kommunikation* darauf gerichtet sein, damit die widerstreitenden Positionen vertreten werden können, zwischen denen die Kommunikation dann mal hin-, mal hergerissen wird.

Bezogen auf soziale Systeme, entspricht die hier skizzierte Definition von Konflikt weitgehend der von Niklas Luhmann gegebenen Definition. Er bewertet Konflikte negativ und sieht in ihnen Störungen der Kommunikation:

> „Es ist ebenfalls ganz normal, dass es [...] zu Äußerungen kommt, die vorausgesetzten oder (und das wird schon heikler) geäußerten Erwartungen widersprechen. Zur Störung der Kommunikation wachsen sich solche Bagatellvorfälle aus, wenn auf ein Nein mit einem Gegennein geantwortet wird; denn das bringt die Versuchung mit sich, beim Nein zu bleiben und das Nein auf beiden Seiten durch weitere Kommunikation zu verstärken. In einem solchen Falle wollen wir von Konflikt sprechen (Ein anderes passendes Wort wäre ‚Streit')" (Luhmann 1993, S. 565).

Die Kommunikation wird zwar durch die Beantwortung des Neins durch ein Nein auf eine spezifische Weise verändert, aber sie wird fortgeführt. Was durch den Konflikt verhindert oder verzögert wird, ist eine Entscheidung. Das kann als gut oder schlecht angesehen werden, denn so kommt es, beispielsweise, nicht zu vorschnellen Entscheidungen. Sie können allerdings wegen des Konfliktes auch zu spät erfolgen. Aufgrund der Auseinandersetzung können aber auch vollkommen neue Entscheidungen getroffen werden, die inhaltlich anders gestaltet sind, als wenn nicht das Hin und Her der Argumente erfolgt wäre. Aber dies sind immer Bewertungen, die von Beobachtern vollzogen werden.

2.2 Beobachten

Der Prozess des Beobachtens spielt eine zentrale Rolle bei der Entstehung und Aufrechterhaltung von Konflikten. Denn Streit – Synonym für Konflikt – gibt es immer nur über Beobachtungen. Ohne Beobachtung kein Konflikt, weder psychisch noch sozial.

Dies spricht dafür, die Wurzeln jedes Konflikts in den Prinzipien menschlichen Beobachtens zu suchen. Beginnen wir also mit der Frage, was unter „Beobachten" zu verstehen ist.

In Anlehnung an die „Gesetze der Form" von George Spencer-Brown (1969) soll unter Beobachten die *Operation* des „Unterscheidens und Bezeichnens" („Distinction"/„Indication") verstanden werden. Es handelt sich dabei um den kognitiven Akt (= Operation) eines Beobachters, der eine doppelte Unterscheidung vollzieht, wie er in Abb. 1 illustriert ist.

Der Welt der Phänomene – hier symbolisiert durch das bekannte Kippbild der jungen/alten Frau – ist der Beobachter bzw. die Operation des Beobachtens gegenübergestellt. Beim Beobachten wird, so soll die Grafik verstanden werden, immer eine Auswahl aus der Menge aller potenziell beobachtbaren Phänomene getroffen (selektive Wahrnehmung). Der Begriff Selektion wird hier verwendet, weil dies in der Regel kein bewusster Auswahlprozess ist und die Kriterien dafür auch nicht einheitlich oder vorbestimmt sind. Die Fokussierung der Aufmerksamkeit spielt eine zentrale Rolle dabei, denn was keine Aufmerksamkeit findet, bleibt unbeachtet. Auf diese Weise werden Phänomene unterschieden und implizit als zusammengehörig definiert. Dieses Abgrenzen von Merkmalen gegen den Rest der Welt (1. Unterscheidung) wird von einer 2. Unterscheidung begleitet, der Benennung der so konstruierten Einheit („Junge Frau").

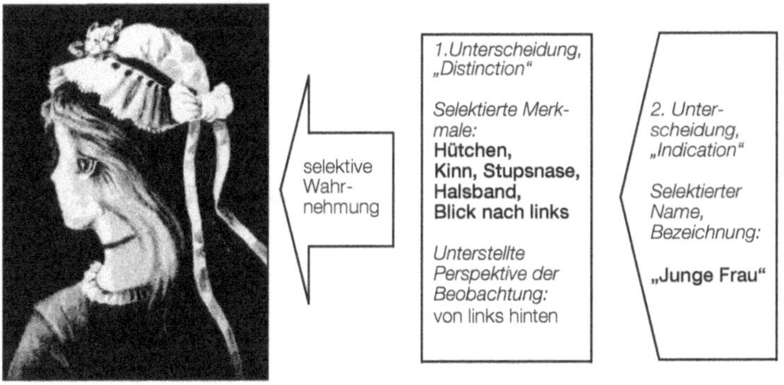

Abb. 1: Beobachten = Unterscheiden + Bezeichnen

Dieses Grundprinzip jeder Wirklichkeitskonstruktion ist einfach: Wann immer ein Beobachter unterscheidet, schafft er *Einheiten* mit einer Innen- und einer Außenseite. Im dreidimensionalen Raum entsteht durch solch eine Grenzziehung ein Körper (ein Ding, ein Objekt), und in der Dimension Zeit entspricht dem irgendeine Zeiteinheit.

Jeder derartigen Beobachtung liegt die Einheit von Innenseite und Außenseite der Unterscheidung zugrunde. Der einen Seite wird dabei ein definierendes *Merkmal der Unterscheidung* (oder eine Menge/ Kombination solcher Merkmale) zugeschrieben und der anderen *nicht*. Das heißt, die Außenseite bildet implizit oder explizit die *Negation* der Innenseite in Bezug auf die jeweiligen Merkmale der Unterscheidung: die Wurzel aller Konflikte.

Die Tücke, die aus diesem doppelten Unterscheiden resultiert, liegt darin, dass wir manchmal über *keine* Namen, Zeichen oder Symbole verfügen, um die wahrgenommenen Phänomene zu bezeichnen, und manchmal Namen, Zeichen und Symbole verwenden, wo es eigentlich gar keine wahrnehmbaren Phänomene zu beobachten gibt (Imaginäres oder Virtuelles). So kann man zum Beispiel die Bezeichnung „der gegenwärtige König von Frankreich“ bilden, was aber nicht heißt, dass es tatsächlich noch oder schon wieder einen König von Frankreich gibt.

Auf der anderen Seite ist dieses Verfahren höchst ökonomisch und effektiv in seiner Kapazität, neben der relativen Eindeutigkeit der Kommunikation auch die Kreativität zu befördern. Dies liegt daran, dass man im Bereich der Bezeichnungen und Namen ohne allzu große Mühen experimentieren und probehandeln kann (denken, imaginieren, spinnen, Brainstorming, Kreation von Utopie oder Wahn etc.): Wie wäre es denn tatsächlich mit einem König von Frankreich? Oder einem elektronischen Staubsauger, mit dem man auch Schach spielen kann? Oder wie müsste ein Produkt beschaffen sein, das dem Namen Umglububb Ehre macht?

Diese formalen Aspekte der Beobachtung charakterisieren psychische *und* soziale Prozesse, d. h. Denken und Fühlen genauso wie die Kommunikation. Doch da die *Negation* – die andere Seite der Unterscheidung – als unvermeidlicher Bestandteil jeder Wirklichkeitskonstruktion immer mitkonstruiert wird und bei jedem gedachten Gedanken, jeder kommunizierten Information immer mitläuft, wird auch immer die Möglichkeit der Verneinung, des Nichteinverstandenseins, des Gehens-auf-die-andere-Seite eröffnet.

Die Möglichkeit, „nein“ zu sagen, gehört zur Conditio humana, und sie bestimmt die Entwicklung des Menschen – als Individuum wie als Spezies. Denn schon das Kind erfährt sich als autonom, indem es „nein“ zu dem angebotenen Spinat sagt, sich den Wünschen der Eltern verweigert (vgl. Spitz 1957). Und auch auf gesellschaftlicher Ebene ist der Lauf der Geschichte davon bestimmt, dass immer wieder „nein“ zum Status quo gesagt wurde und Revolutionen oder Reformen angezettelt wurden.

Da die doppelte Unterscheidung die Grundoperation des Beobachtens ist, ergeben sich in beiden Bereichen Konfliktmöglichkeiten. Um Unterscheidung (Distinction) und Bezeichnung (Indication) zu unterscheiden, wird in der Literatur meist vom Unterschied zwischen Landkarte und Landschaft, Speisekarte und Speise gesprochen.

Aus dieser Differenz resultieren die Möglichkeiten, alles beim Alten zu lassen, ihm aber einen neuen Namen zu geben, oder alles anders zu machen, das aber mit alten, eingeführten und vertrauten Begriffen zu kaschieren.

Das psychische und soziale Konfliktpotenzial, das zwangsläufig durch den Prozess des Beobachtens entsteht, ist so riesig, dass es eher der Erklärung bedarf, warum es psychisch wie sozial immer wieder zu relativ konfliktfreien Phasen kommen kann. Wo immer Unterscheidungen vollzogen werden, wird die Welt in zwei Teile gespalten: in innen und außen, in oben und unten, in rechts und links, in hier und dort, in früher und später, in Veränderung und Beharrung, in Selbst und Nicht-Selbst, in wir und die anderen (um nur einige Beispiele zu nennen). Und wo es zwei Möglichkeiten gibt, da gibt es auch Zweifel, Zwiespalt und eben auch Zwietracht und Zwist, denn es kann oder es muss *entschieden* werden.

2.3 Entscheidung

Betrachten wir einen Akteur, der seine eigenen Aktionen unterscheidet und bezeichnet (Selbstbeobachtung). Er muss – im einfachsten Fall – zwischen zwei Optionen *entscheiden*: etwas (p) tun oder *nicht* tun. Um dies zu können, bewertet er (bewusst oder unbewusst, nach welchen Kriterien auch immer) die beiden Seiten der Unterscheidung (p vs. nicht-p).

Maßstab für diese Bewertung können z. B. erstrebte Ziele, Wünsche, Begehren, Kennzahlen, aber auch die Vermeidung oder Verhinderung von etwas Befürchtetem sein. Es geht immer um eine Form der, wenn auch manchmal eigensinnigen, *Rationalität* (als In-Beziehung-Setzung von Mittel und Ziel).

In alten psychotherapeutischen Lehrbüchern wird dies am Beispiel der Frage, ob ein Apfel jetzt gleich gegessen oder lieber für später aufgehoben werden soll, illustriert. Das Beispiel ist deswegen so gut, weil es eine Situation beschreibt, die eine klare Alternative benennt und eine Entscheidung erfordert. Wenn man den Apfel *jetzt* isst, dann kann man ihn *später* nicht mehr essen. Weg ist weg. Und wenn man ihn aufhebt, dann entgeht einem hier und jetzt der Genuss. Den Apfel *als Ganzes* für spätere Zeiten aufzuheben und ihn jetzt ganz und gar aufzuessen, schließt sich logisch aus. Entweder-oder, beides geht rein physisch nicht.

Man erlebt solche Situationen als psychischen Konflikt. Solange er nicht gelöst ist, wird nicht entschieden (was – von außen gesehen –

auch eine Form der Entscheidung ist, denn der Apfel wird solange nicht gegessen, wie die Entscheidung, ihn zu essen, nicht getroffen und vollzogen ist). Ist die Entscheidung schließlich gefallen und der Apfel gegessen, so kann über ihn nicht mehr anderweitig verfügt werden, das heißt, die Frage, was sonst mit ihm angestellt werden könnte (z. B. Tausch gegen ...), stellt sich nicht mehr.

> „*Vor* der Entscheidung handelt es sich um eine offene Alternative, also auch um offene Kontingenz. Mehrere Entscheidung*en*, so sagt man jedenfalls, sind möglich. *Nach* der Entscheidung verdichtet sich die Kontingenz; und man sieht jetzt nur noch, dass die getroffene Entscheidung auch anders möglich gewesen wäre. Die Kontingenz (definiert als: weder notwendig noch unmöglich) ist dann an einer Entscheidung fixiert" (Luhmann 1993, S. 291).

Solange der Konflikt währt, wird zwischen den beiden Seiten der Unterscheidung oszilliert, das heißt, es wird Zeit verbraucht. Es ist dieselbe Oszillation, die einsetzt, wenn man die Frage beantworten soll, ob man in Abb. 1 eine alte oder eine junge Frau erkennt. Entweder man sieht die junge Frau, dann sieht man nicht die alte, oder umgekehrt.

Durch eine Entscheidung – die im Blick auf das Kippbild der alten/jungen Frau nur schwer bewusst möglich ist, beim Apfelessen hingegen etwas einfacher – wird dieses Hin und Her beendet, und der Prozess wird auf *einer* Seite der Unterscheidung fortgesetzt (der Apfel wird gegessen vs. er wird nicht gegessen, sondern getauscht, zu Apfelmus verarbeitet, weggeworfen, verschenkt o. Ä.).

Wie schon der Begriff Entscheidung suggeriert, ist die Scheidung in unterschiedliche Optionen zu einem Ende gekommen, die *Unsicherheit* darüber, wie es weitergeht, ist beseitigt, und an ihre Stelle ist die Eindeutigkeit darüber, wo es weitergeht (auf der Innen- oder Außenseite der Unterscheidung), getreten.

Im Bereich der Psyche stehen auf den beiden Seiten der Unterscheidung Gedanken, Wünsche, Gefühle usw., in sozialen Systemen sind es Kommunikationen, die sich jeweils gegenseitig negieren.

Solange ein Konflikt andauert, kommt es zu keiner Entscheidung, weil der Prozess *nicht* auf einer der beiden Seiten fortgesetzt wird und die Oszillation, das Hin und Her des Kreuzens der Grenze, Zeit verbraucht. Die Gedanken „kreisen", die Konversation „dreht sich in

Kreis". Der Konflikt ist ein sich selbst am Leben erhaltendes System, das heißt, er setzt sich fort, bis eine Entscheidung fällt.

Erst wenn *Veränderungen in der Beobachtung* der Beteiligten zu einer *Asymmetrie in der Bewertung* der beiden Seiten der Unterscheidung führen, kommt es zur Entscheidung. Andererseits kommt es nur dann zum Konflikt, wenn Entscheidungen (wie und warum auch immer) gefordert sind. Erst wenn ein psychischer Prozess oder ein Kommunikationsprozess an „Weggabelungen" (Bifurkationen) gelangt, an denen sich Alternativen öffnen, zwischen denen entschieden werden kann oder muss, kann es zum Konflikt kommen. Ohne Wahl keine Qual, ohne Alternativen keine Konflikte, und ohne Konflikte keine Entscheidungen.

2.4 Aktive und passive Negation – Starke und schwache Konflikte

Wenn bislang davon gesprochen wurde, dass die beiden Seiten einer Unterscheidung sich gegenseitig negieren, so ist dies noch zu undifferenziert, um eine umfassende Typologie von Konflikten zu erstellen.

Wir haben nämlich stillschweigend vorausgesetzt, dass zwischen der Innen- und Außenseite der Unterscheidung Symmetrie besteht. Denn wenn man zur Veranschaulichung einer Unterscheidung einen Kreis oder ein Quadrat auf eine Fläche zeichnet, dann wird die Asymmetrie zwischen ihrer Innen- und Außenseite deutlich. Sie entsteht auch beim Beobachten. Auf der einen Seite (= innen/„markierte" Seite) werden charakteristische Merkmale verortet, die auf der anderen Seite (= außen/„unmarkierte" Seite) fehlen. Mit anderen Worten: Der Innenseite wird in der Wirklichkeitskonstruktion des Beobachters ein *positiv definiertes* und gerade dadurch *definierendes Merkmal* zugeschrieben, das der anderen Seite abgesprochen wird. Die Außenseite bleibt im Dunkeln, über sie wird nichts Spezifisches gewusst oder gesagt. Bekannt ist nur, welche Merkmale sie *nicht* hat (nämlich die der Innenseite).

Nehmen wir das Beispiel der jungen Frau aus Abb. 1. Hier lassen sich definierende Merkmale wie die Stupsnase, das Halsband usw. benennen. Wer diese Merkmale nicht aufweist, ist offensichtlich *nicht* die mit „Junge Frau im Bild" gemeinte Person. Doch die Negation kann weitaus spezifischer sein: Es wird nicht nur negativ definiert, was *nicht* ist, sondern zusätzlich *positiv* definiert, was *stattdessen* ist: eine Hakennase mit Warze, ein vorspringendes Kinn, der Blick nach links, die Halbseiten-Perspektive. Durch die Zuschreibung dieser Merkmale lässt sich ein anderes Bild definieren, das nicht negativ definiert ist (= nicht die junge Frau), sondern positiv. Es sind die definierenden Merkmale für „Alte Frau“ (vgl. Abb. 2):

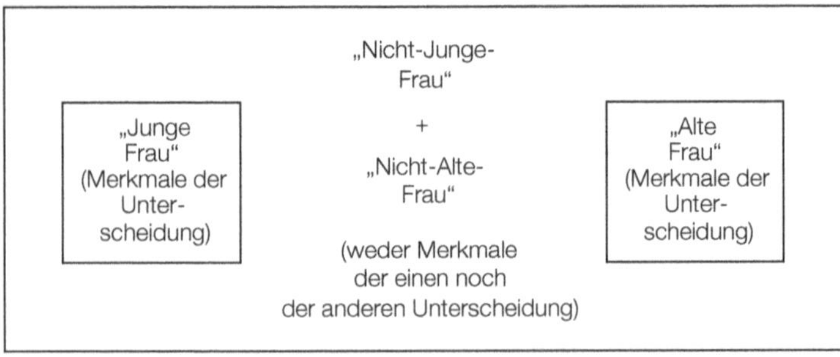

Abb. 2: Definierende Merkmale

Es gibt also, wenn wir die Relation zwischen Innen- und Außenseite der Unterscheidung genauer betrachten, unterschiedliche Formen von Negationen und damit von Konflikten. Einmal geht es um den Gegensatz „Das Eine versus *nicht* das Eine“ und im zweiten Fall geht es um den Gegensatz „Das Eine versus das *Andere*“. Es stehen sich nicht nur zwei unterschiedlich *benannte*, sondern zwei durch unterschiedliche *positive* Merkmale definierte Optionen gegenüber.

In der logischen Fachliteratur finden sich für diese beiden Formen der Negation die Namen „aktive“ und „passive Negation“. Jon Elster (1979), von dem diese beiden Begriffe stammen, illustriert sie am Beispiel folgender Sätze:

> „I. Person A glaubt die Wahrheit des Satzes p [abgekürzt: A glaubt p].
>
> II. Es trifft nicht zu, dass Person A p glaubt [abgekürzt: Nicht (A glaubt p)].
>
> III. A glaubt das Gegenteil von p [abgekürzt: A glaubt nicht-p].
>
> Der Satz II ist die passive Negation von Satz I; der Satz III ist die aktive.“

Dieser Unterschied wird vor allem dann wichtig, wenn es ums Entscheiden und Handeln geht, um Operationen und Aktionen, die vollzogen oder unterlassen werden.

Da sich zur Darstellung handlungslogischer Probleme räumliche Metaphern besonders gut eignen, nehmen wir als Beispiel eine Weggabelung, an der man *rechts* oder *links* weitergehen kann. Wer allein (psychisches System) oder als Mitglied einer Wandergruppe (soziales System) an solch eine Abzweigung kommt, muss darüber entscheiden, wie er bzw. die Gruppe weitermarschiert. An derartigen Bifurkationen wird über den weiteren Verlauf des Prozesses entschieden und der eine Pfad dem anderen vorgezogen.

Insgesamt eröffnen sich vier Optionen: Man kann *entweder* den linken Weg (p) *oder* den rechten Weg (q) wählen. Beide Seiten dieser Alternative sind *positiv* markiert, d. h. durch unterscheidbare Merkmale definiert. (Wie nicht anders zu erwarten: Der linke Weg führt bergauf, ist steinig, nicht eben, verspricht Anstrengung, aber alle schwitzen gleich viel dabei und genießen den Ausblick und hoffen, irgendwann einen Gipfel zu erreichen. Der rechte dagegen führt bergab, ist asphaltiert, leichter und schneller zu begehen, ja, man kann sogar das Auto nehmen, er erweckt aber die Sorge, er könne in einen Abgrund oder Sumpf führen ...). Beide Optionen *negieren sich gegenseitig aktiv*. Das heißt, sie können nicht gleichzeitig realisiert werden, da dies der zweiwertigen Entweder-oder-Logik körperlicher Anwesenheit widerspricht.

Damit sind aber die Möglichkeiten noch nicht ausgeschöpft: Man kann sich auch für *keine der beiden* Seiten (weder p noch q: weder rechts noch links) entscheiden und einfach stehen bleiben oder den Rückwärtsgang einlegen und umkehren. Das wäre in Bezug auf *beide* Wege, den linken wie den rechten, die *passive Negation*.

Insgesamt haben wir es, um wieder auf die formale Ebene zu kommen, generell nicht nur mit einem Dilemma der Entscheidung zwischen links und rechts zu tun, sondern mit vier Möglichkeiten, einem Tetralemma[1].

1 Ein Begriff, der aus der hinduistischen Logik stammt und den ich Matthias Varga von Kibéd und Insa Sparrer (2000) verdanke.

Die vierte Möglichkeit ist logisch widersprüchlich, denn sie erfordert, sowohl nach links als auch nach rechts zu gehen (sowohl p als auch q). Wer versucht, *gleichzeitig sowohl* nach rechts *als auch* nach links zu gehen, findet sich in einer *Paradoxie* gefangen, denn das ist für ein Individuum ziemlich schwierig, da es sich als handelnde Einheit nicht teilen kann. Realisierbar ist diese Option nur, wenn sich die handelnde Einheit spalten kann oder beide Wege nacheinander beschritten werden können.

Psychisch heißt das, dass man gewissermaßen zwei Seelen in einer Brust tragen muss, die dann unabhängig voneinander agieren. Diese Möglichkeit ist aber durch die Tatsache begrenzt, dass die meisten Individuen (daher der Begriff) nur über einen Körper verfügen. Deswegen ergibt sich für sie die Notwendigkeit der Entscheidung und mit ihr der innere Konflikt, genannt *Ambivalenz* (gehe ich linksrum heirate ich die eine Frau, oder gehe ich rechtsrum nehme ich den anderen Mann?).

Im schlimmsten Fall geht man dann ein paar Schritte in die eine Richtung, um gleich wieder umzukehren und in die andere Richtung zu gehen usw. Wer mit psychischen Krankheiten vertraut ist, kennt das Symptom, dass ein Mensch die Treppe hoch- und wieder runtergeht und dies Dutzende Male wiederholt, weil er sich in seiner Ambivalenz zwischen den beiden Seelen in seiner Brust hin- und her gerissen fühlt. Er oszilliert zwischen ihnen, indem er beide nacheinander versuchsweise geht, um sie gleich anschließend wieder aktiv zu negieren („ungeschehen" zu machen). Oder er steht erstarrt (kataton) auf der Treppe, wie der Esel zwischen den zwei Heuhaufen, und ist nicht in der Lage, einen Schritt vorwärts oder rückwärts zu unternehmen.

Einfacher wird die Situation, wenn man als Paar oder Gruppe unterwegs ist. Dann ergibt sich nämlich die Möglichkeit, sich in Untereinheiten zu spalten, von denen die eine den linken, die andere den rechten Weg bevorzugt. Wenn man allerdings meint, man müsse den Weg auf jeden Fall gemeinsam gehen, so wird man darüber streiten, welcher Weg beschritten werden soll.

Hier zeigt sich der evolutionäre Vorteil von Organisationen: Durch sie werden übergeordnete soziale Einheiten gebildet, die aus mehr als nur einem Akteur bestehen („Dividuen", um mal einen neuen Begriff zu schöpfen). Sie sind daher in der Lage, gleichzeitig sich logisch widersprechende Aktionen und Operationen durchzuführen. So kann sich die eine „Abteilung" eines Unternehmens ambivalenzfrei um Forschung und Entwicklung kümmern, während die andere sich um den Vertrieb bemüht. Wollte eine beides tun, so geriete sie ständig in Zielkonflikte. Durch ihre Arbeitsteilung wird beiden Abteilungen ein Handeln frei von internen Konflikten möglich. Die eine macht das eine, die andere das andere (siehe dazu ausführlich Simon 2007).

Generell viel einfacher wird der Umgang mit widersprüchlichen Positionen, wenn diese sich logisch *nicht* gegenseitig ausschließen. Das ist etwa dann der Fall, wenn zwei politische Parteien komplexe Gesetzesentwürfe vorlegen, denen die andere Seite jeweils als Paket nicht zustimmen kann, dessen Inhalte aber teilweise akzeptabel sind. In solch einem Fall ist es möglich, Kompromisse zu finden, die ein Sowohl-als-auch realisieren, sodass es zu dem kommt, was neudeutsch als „Win-win-Lösung" bezeichnet wird. Aber, um das noch einmal zu betonen, das ist nur möglich, wenn eine prinzipielle Kompatibilität der beiden Positionen gegeben ist, sodass die Negation der anderen Seite nicht Voraussetzung für den Erfolg der eigenen Seite ist.

Mit der Unterscheidung zwischen aktiver und passiver Negation haben wir eine generelle Möglichkeit gefunden, unterschiedliche Formen von Konflikten zu differenzieren. Wenn der Konflikt aus Operationen (Denken und Fühlen bzw. Kommunikationen) besteht, die sich gegenseitig *passiv* negieren, so soll von einem *schwachen Konflikt* die Rede sein, wenn sie sich *aktiv* negieren, von einem *starken Konflikt* (vgl. Abb. 3).

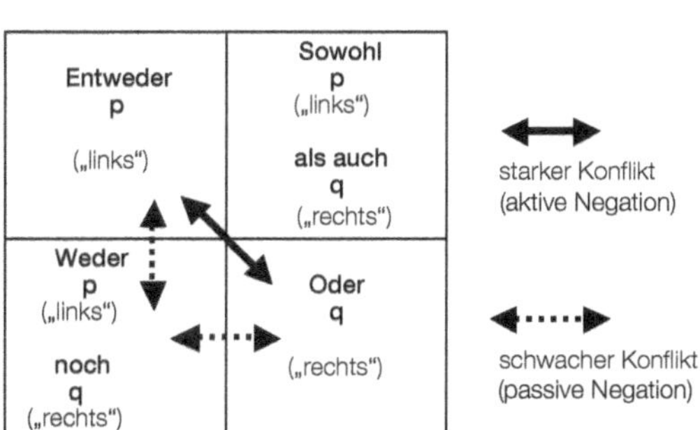

Abb. 3: Starke und schwache Konflikte

Im starken Konflikt geht es um die Unterscheidung zwischen zwei Positionen oder Propositionen oder Operationen etc. (p und q), die *beide* durch kontradiktorische, d. h. sich *im Sinne der zweiwertigen Logik* gegenseitig *ausschließende* Merkmale definiert sind. Bezieht sich der Konflikt auf Aktionen, so besteht die Alternative zwischen zwei entgegengesetzt gerichteten und wirkenden Verhaltensweisen (wie in unserem Beispiel: den linken vs. den rechten Weg nehmen).

Im schwachen Konflikt geht es um die Unterscheidung zwischen p und nicht-p (z. B. links vs. nicht links) bzw. q und nicht-q (rechts vs. nicht rechts). Bezogen auf Aktionen entspricht das der Alternative: eine bestimmte Handlung vollziehen vs. diese Handlung nicht vollziehen (wobei offenbleibt, was stattdessen getan wird).

Mithilfe dieser Typisierung lässt sich die Logik des individuellen Handelns der Interaktions- und Kommunikationsteilnehmer, speziell im Konfliktfall, beschreiben. Aber auch das inhaltliche Muster der sich gegenseitig aktiv oder passiv negierenden Argumente, Wirklichkeitskonstruktionen und Bewertungen lässt sich im Sinne des Tetralemmas erfassen.

Bleiben wir aber zunächst bei den Konfliktparteien: Jeder hat prinzipiell die bereits bei der Rechts-links-Frage skizzierten vier Möglichkeiten (Tetralemma), sich zu positionieren und damit einen unterschiedlich starken Konflikt zu wagen: Er kann zum Aktivisten der p-Partei werden und damit in einen starken Konflikt mit der q-Partei geraten. Dasselbe gilt für den Parteigänger von q, der sich in einen starken Konflikt mit dem oder den Vertretern der p-Partei begibt. Ein Akteur kann aber auch eine neutrale Position einnehmen, in der er weder für p noch für q aktiv wird. Dann gerät er in jedem Fall, aber auch höchstens, in einen schwachen Konflikt mit der p- und der q-Partei. Als vierte Möglichkeit steht ihm offen, sich widersprüchlich und logisch inkonsistent zu zeigen, indem er sich entweder vieldeutig, unentschieden oder wie die Fahne im Wind hin und her flatternd (d. h. mal für p, mal für q) zeigt. In diesem Fall ist, angesichts der Unmöglichkeit, seinem Verhalten eine eindeutige p- oder q-Bedeutung zuzuschreiben, der Konflikt weder stark noch schwach, sondern durch einen kommunikativen Taschenspielertrick „aufgelöst“. Wo es keine eindeutigen Merkmale der Unterscheidung gibt, gibt es auch keinen Konflikt. Das dürfte einer der Gründe sein, warum sich Menschen, denen die Verwicklung in einen

Konflikt droht, oft so „wachsweich“ oder „nebulös“ ausdrücken und „rumeiern“ (z. B. Politiker, die in einer brisanten, konfliktträchtigen Frage nach einer öffentlichen Stellungnahme gefragt werden).

2.5 Psychische Systeme und soziale Systeme als autopoietische Systeme

Bis jetzt haben wir psychische und soziale Konflikte bzw. deren Formen stillschweigend als gleich behandelt. Das widerspricht dem Alltagsverständnis wie auch der Trennung der Disziplinen Psychologie und Soziologie. Deshalb, wenn auch nur in Skizzenform, ein kurzer Blick darauf, wie beide Systemtypen im Rahmen der hier verwendeten neueren Systemtheorie definiert sind und wie ihre Beziehung konzeptualisiert ist.

Sowohl psychische Systeme als auch soziale Systeme sind durch die *autopoietische* Organisation der sie erzeugenden und erhaltenden Prozesse gekennzeichnet. Mit diesem Begriff hat der Neurobiologe Humberto Maturana die Besonderheit von Lebensprozessen bzw. lebenden Systemen beschrieben und benannt:

„Das gegenwärtige biochemische Wissen erlaubt es uns, lebende Systeme als sich selbst erzeugende Systeme zu bezeichnen, die ihre eigenen Grenzen bestimmen und aufbauen. Dies lässt sich formal so ausdrücken: es gibt eine Klasse mechanistischer Systeme; jedes Element dieser Klasse ist ein dynamisches System, das als Netzwerk von Prozessen der Produktion seiner eigenen Bestandteile definiert ist; diese Bestandteile wirken zum einen durch ihre Interaktionen in rekursiver Weise an der ständigen Erzeugung und Verwirklichung eben dieses Netzwerkes von Prozessen der Produktion mit, das sie selbst produziert hat, und konstruieren zum anderen dieses Netzwerk von Prozessen der Produktion von Bestandteilen als eine Einheit in einem Raum, den sie (die Bestandteile) dadurch definieren, dass sie seine Grenzen verwirklichen.

Solche Systeme nenne ich *autopoietische Systeme* und die Organisation eines autopoietischen Systems nenne ich die autopoietische Organisation. Ein autopoietisches System, das durch physikalische Bestandteile verwirklicht wird, ist ein lebendes System“ (Maturana 1978, S. 280).

Im Unterschied zu Organismen verwirklichen sich psychische Systeme nicht durch ein Netzwerk von Prozessen physikalischer Bestandteile, sondern durch ein Netzwerk von Denk- und Fühlprozessen. Diese Prozesse sind nur durch das jeweilige psychische System selbst beobachtbar, indem es seine Gedanken denkt und seine Gefühle fühlt, d. h. sein eigenes Funktionieren erlebt. Die autopoietische Selbsterzeugung des psychischen Systems ist dadurch gewährleistet, dass das Netzwerk der Gedanken und Gefühle andere Gedanken und Gefühle hervorbringt, die an sie anschließen. Diese Prozesse sind gegenüber dem Rest der Welt abgegrenzt, da sie von außen nicht durchschaubar und nicht objektiv analysierbar (!) sind. Es lassen sich allerdings begründete Hypothesen darüber anstellen, welche Prozesse – z. B. Konflikte – sich in der Psyche eines anderen Menschen gerade abspielen. Schließlich sind Menschen sich ähnlich, und es ist nicht unwahrscheinlich, dass Menschen mit einem ähnlichen gesellschaftlichen Hintergrund und einer ähnlichen Sozialisation in vergleichbaren Situationen auch Vergleichbares denken und fühlen. Aber sicher sind solche Annahmen nie, denn im Prinzip sind fremde psychische Systeme – manchmal auch das eigene – unberechenbar (= „nicht triviale Systeme", vgl. von Foerster 1988).

Um Zugang zu dem, was ein anderer fühlt und denkt, zu erhalten, bedarf es der Kommunikation. Gedanken und Gefühle können mitgeteilt werden. Aber es ist ein Unterschied, ob ein Gefühl gefühlt oder in der Kommunikation mit anderen ausgedrückt wird. Kommunikationssysteme beruhen darauf, dass Menschen gegenseitig ihr Verhalten als *Mitteilung* verstehen und interpretieren, auf die sie ihrerseits mit Verhalten reagieren. Diese Reaktionen können als *Verstehen* definiert werden (wobei dieser Verstehensbegriff sich *nur* darauf bezieht, dass dem Verhalten – z. B. Sprechen, Gestik, Mimik etc. – eines anderen *irgendeine* Bedeutung zugeschrieben wird, nicht aber, dass es tatsächlich die Bedeutung ist, die der Betreffende *gemeint* hat oder mitteilen wollte).

Zwei oder mehrere Beobachter beobachten gegenseitig ihr Verhalten (zu dem auch ihr Reden gehört) und interpretieren es jeweils autonom. Die Muster der Interaktion, die sich so entwickeln, sind von den psychischen Systemen der beiden Beteiligten in der Weise abhängig, dass keiner der beiden gezwungen ist, das eigene Verhalten und das des anderen in einer bestimmten, determinierten Weise zu deuten oder in einer vorgegebenen Weise darauf zu reagieren. Jeder könnte sich immer auch anders verhalten und weiß, dass sich der andere ebenfalls anders verhalten könnte („doppelte Kontingenz“). Diese Unsicherheit lässt sich reduzieren, indem man sich stillschweigend in seinem Handeln auf irgendwelche Regeln der Interaktion und Kommunikation einigt. Dadurch wird das (Zusammen-)Leben für alle Beteiligten erst einmal einfacher. Wenn Menschen eine gemeinsame Geschichte durchlaufen, dann entwickeln sie *Erwartungen* aneinander, die dafür sorgen, dass Spielregeln des Zusammenlebens entstehen. Dadurch, dass jeder die Erwartungen der anderen erwartet, stabilisieren sich soziale Regeln und Strukturen.

Die Beziehung zwischen den Spielregeln der Kommunikation und Interaktion und psychischen Prozessen lässt sich in etwa wie in Abb. 4 (sehr vereinfacht) skizzieren.

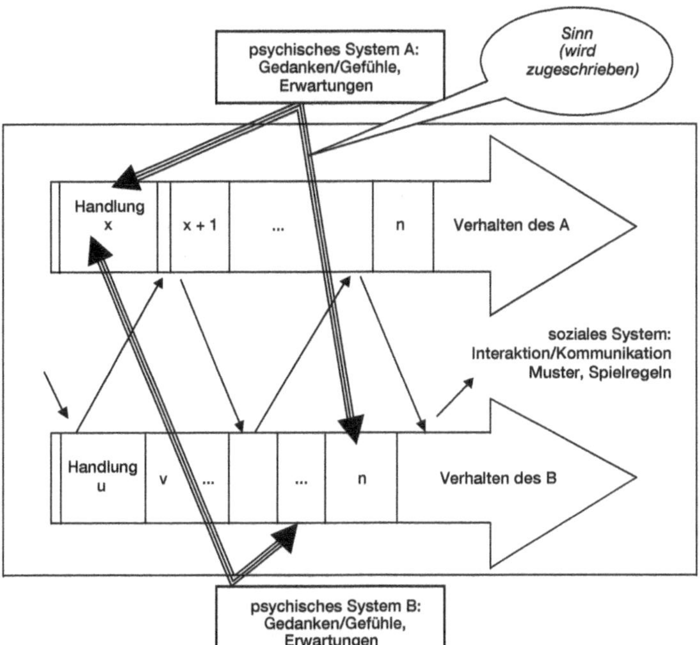

Abb. 4: Interpunktion von Interaktion

Jeder Beobachter „interpunktiert" die Interaktion (Watzlawick et al. 1967, S. 57 ff.), das heißt, er zerhackt den kontinuierlichen Strom des Verhaltens, indem er Verhaltensweisen gegeneinander abgrenzt und „Handlungseinheiten" (x, y ... n bzw. u, v ... n) konstruiert, deren Ursache er entweder sich selbst oder dem anderen bzw. irgendwelchen unpersönlichen Mächten zuschreibt (wenn Verhaltensweisen z. B. als Symptome einer Krankheit erklärt werden).

Auf diese Weise entwickelt jeder Erwartungen an die Beziehung und deren Spielregeln, die es ihm ermöglichen, sich für die eine oder die andere Handlung zu entscheiden. Wie er sich letzten Endes verhält, hängt davon ab, welches Bild er von sich und dem anderen hat, das heißt, wie seine Wirklichkeitskonstruktion ist.

Die sich so entwickelnden Spielregeln der Kommunikation können *nie* (!) von einem der Teilnehmer allein bestimmt werden. Denn sie entstehen aus dem Zusammenspiel der Beteiligten. Jeder trägt zu ihrer Entstehung und Erhaltung dadurch bei, dass er sich in einem kommunikativen Kontext – das heißt, wo er von anderen beobachtet wird und seinem Verhalten eine Bedeutung zugeschrieben wird – so verhält, wie er sich verhält.

Auf diese Weise grenzen sich Kommunikationssysteme gegeneinander ab, das heißt, sie bilden Regeln von Innen-außen-Unterscheidungen: Welche Personen werden warum als Mitglieder des einen oder des anderen Systems betrachtet (z. B. der Familie, einer Organisation, einer Nation, Partei p/Partei q)? Welche Kommunikationen werden als zum System gehörend klassifiziert und welche nicht? Was ist z. B. am Arbeitsplatz als private Kommunikation zu betrachten, was als Arbeit?

Autopoietische Systeme sind auf Fortsetzung der sie schaffenden Prozesse angelegt. Bei sozialen Systemen heißt das: Ihre Spielregeln sorgen dafür, dass die sie charakterisierenden Kommunikationen fortgeführt werden und es für sie keine *internen* Gründe oder Ursachen gibt, ihre Existenz zu beenden. Das gilt auch für soziale Konflikte:

> „Als soziale Systeme sind Konflikte autopoietische, sich selbst reproduzierende Einheiten. Einmal etabliert, ist ihre Fortsetzung zu erwarten und nicht ihre Beendigung. Die Beendung kann sich nicht aus der Autopoiese selbst ergeben, sondern nur aus der Umwelt des Systems – etwa dadurch, dass einer der beiden Streitenden den anderen

erschlägt und dieser damit für die Fortsetzung des sozialen Systems Konflikt ausfällt" (Luhmann 1984, S. 537).

Das führt dazu, dass Konflikte länger bestehen können, als Menschen leben, und von Generation zu Generation weitergereicht werden können. So bestand zwischen den Familien Montague und Capulet in Verona schon seit ewigen Zeiten eine Feindschaft. Daher hatten die Liebe von Romeo und Julia und ihre Verweigerung, den Konflikt weiter am Leben zu halten, keine Chance. Die psychischen Systeme der beiden Liebenden mussten mit ihren sozialen Umwelten (Familien) und deren Erwartungen – Fortsetzung der Familienfehde – leben, und das konnten sie nicht ...

Wenn man Konflikte analog zu Spielen setzt, die sich jeweils ihre Protagonisten suchen, so ist *nicht* das Fortdauern eines Konfliktes erklärungsbedürftig, sondern seine *Beendigung*. Denn solange Negationen, die mit Negationen beantwortet werden, mit Negationen beantwortet werden ..., bleibt er am Leben.

Als Konsequenz ergibt sich für Konfliktlösungsstrategien generell die Frage, wie diese sich selbst perpetuierenden Muster *unterbrochen* werden können. Ziel ist nicht Harmonie oder gar ein visionärer Frieden, sondern die Beendigung der Konfliktkommunikation.

3 Konfliktfelder

In jeder Psyche werden, wie in jedem sozialen System, im Laufe ihrer jeweiligen Geschichte erfahrungsabhängig Weltbilder entworfen. Diese Wirklichkeitskonstruktionen fungieren als Prämissen von Entscheidungen. Das gilt für Individuen, deren Verhalten nur verständlich wird, wenn man ihre (bewussten oder unbewussten) Annahmen über die Welt kennt. Es gilt aber auch für soziale Systeme (Paare, Familien, Organisationen, Nationen, Kulturen etc.), deren Bezug zur Welt ebenfalls von langlebigen, als Wahrheit behandelten Glaubenssätzen bestimmt ist. Da diese Wirklichkeitskonstruktionen jede Menge an Konfliktpotenzial bergen, ein Blick auf ihre zentralen, oft zu Streit führenden Aspekte.

3.1 Konstruktionen („Landkarten", 2. Unterscheidung, Indication)

Der Begriff Wirklichkeitskonstruktion ist – obwohl in den Wissenschaften lang etabliert – problematisch, da er suggeriert, der Aufbau eines Weltbildes erfolge so, wie ein Ingenieur am Zeichenbrett bewusst und gezielt Bauteile entwirft. Besser wäre es, hier von *Selbstorganisation des Modells der Wirklichkeit* zu sprechen. Denn das Weltbild des Menschen entwickelt sich nach evolutionären Prinzipien und ist dabei nur in Ausnahmefällen bewusst auf spezifische Ziele gerichtet. Der evolutionäre Dreischritt von *Variation*, *Selektion* und *Retention,* der die Entwicklung biologischer Strukturen bestimmt, leitet auch die Formung und Veränderung individueller wie kollektiver Weltbilder.

Das beginnt bei der Wahrnehmung. Die Kriterien, nach denen eine Auswahl *(Selektion)* aus der Flut *(Variation)* gegebener Sinnesdaten erfolgt, sind nur selten bewusst. Sie wirken wie Filter, die auf der einen Seite blinde Flecken erzeugen und auf der anderen Seite manche Kleinigkeit aufblähen. Einiges dessen, was wahrgenommen wurde, bleibt im Gedächtnis *(Retention)*, anderes wird sofort vergessen. Das

Konfliktpotenzial, das sich durch die Verschiedenheit der Wahrnehmung und der daraus abgeleiteten Annahmen über die Welt aufbauen kann, ist enorm, selbst wenn die beteiligten Akteure keine strittigen Ziele haben und eigentlich nur friedlich zusammenleben wollen.

Pragmatisch bewährt hat sich in der Beratung bzw. beim Management von Konflikten, drei unterschiedliche Aspekte von Wirklichkeitskonstruktionen getrennt zu betrachten, da mit ihnen im Konfliktfall unterschiedlich umgegangen werden sollte und schon ihre getrennte Betrachtung interventiv wirkt.

3.1.1 Beschreiben

Wer schon einmal einer Verhandlung vor Gericht beigewohnt oder sie im Fernsehen gesehen hat, ist damit vertraut, dass das Gericht versucht, den „Tatbestand" festzustellen. Welche der streitenden Parteien hat was wann gemacht? Üblicherweise wird versucht, in der „Beweisaufnahme" festzustellen, was *tatsächlich* passiert ist. Es werden Zeugen dazu befragt. Doch so einfach ist es nicht herauszufinden, was „wirklich" geschehen ist. Jeder Zeuge erzählt eine andere Geschichte, denn er hat das Geschehen aus einer anderen Perspektive wahrgenommen, seine Aufmerksamkeit aufgrund seiner eigenen Vorannahmen fokussiert. Daher (re)konstruiert er den Verlauf dessen, was er beobachtet hat, anders als andere Zeugen.

Die Schwierigkeit mehrerer Beobachter, sich über die vermeintlichen Fakten – die ja stillschweigend als objektiv *gegeben*, d. h. unabhängig vom Beobachter und dem Prozess der Beobachtung, angesehen werden – zu einigen, ist groß.

Wahrnehmung ist immer selektiv. Es sind nicht die „Dinge an sich", die wahrgenommen werden, sondern jede Aussage über erhobene Daten sagt immer auch etwas über den Beobachter und seine Methoden aus. Nehmen wir die beiden Frauen in Abb. 1 und ihre Beschreibung durch unterschiedliche Beobachter. Einer sieht eine junge Frau, der andere eine alte. Aus der Perspektive eines Beobachters dieser beiden Beobachter (Beobachter 2. Ordnung) kann festgestellt werden, dass die objektivierbaren physikalischen Eigenschaften des Bildes für beide dieselben sind. Und dennoch nehmen sie Unterschiedliches wahr. Sie selektieren die Daten anders und ordnen sie zu unterschiedlichen Mustern (Bildern). Beide haben keinen Grund, an ihrer Wahrnehmung zu zweifeln. Wenn jeder davon ausgeht, dass er durch seine sinnliche Wahrnehmung Zugang zur objektiven Realität hat, dann muss es fast zwangsläufig zum Konflikt kommen, wenn sie sich über diese Realität auseinandersetzen.

Es kommt zum Streit darüber, wie die Wirklichkeit wirklich ist. Tragischerweise wird die Erklärung für die Differenzen der Beschreibungen der Welt jeweils dem anderen (oder gar dessen unlauteren Absichten) zugeschrieben.

Versucht man aus einer Außenperspektive (Beobachtung 2. Ordnung) zu erklären, wie Konflikte über die vermeintlichen Tatsachen entstehen, so hilft noch einmal ein Blick auf Abb. 4. Wenn zwei (oder mehr) Beobachter gegenseitig ihr Verhalten beobachten, so gibt es keine objektivierbaren Gründe, den kontinuierlichen Lauf des eigenen oder fremden Verhaltens in einer bestimmten Weise zu interpunktieren. Jeder kann nach Gutdünken Vorher-nachher-Unterscheidungen vornehmen und die eigenen Handlungen als Reaktionen auf die Handlungen des anderen definieren. Bereits bei den Streitigkeiten von Kindern im Sandkasten ist dies zu sehen: „Erst hat er mir das Eimerchen weggenommen, dann habe ich ihm mit dem Schäufelchen auf den Kopf gehauen." – „Nein, erst hat sie mir die Burg kaputt gemacht, dann habe ich ihr das Eimerchen weggenommen ..." – „Nein, erst hat er mich Schlampe genannt, dann habe ich die Burg ..." usw.

Auch wenn sich die Feststellung der „Fakten" oft als schwierig erweist, hat ein Vermittler noch am ehesten Chancen, eine Gemeinsamkeit bei der *Beschreibung* des Geschehens zwischen den Parteien herbeizuführen. Viel schwieriger wird es, wenn es um ihre Erklärung und Bewertung geht. Das ist jeden Sonntag bei Fernsehdiskussionen festzustellen, bei denen die Beteiligten sich – wenn überhaupt – darauf einigen können, dass z. B. das staatliche Haushaltsdefizit x % des Bruttoinlandsproduktes beträgt, aber der Streit erheblich an Lautstärke gewinnt, wenn diskutiert wird, wie dieses Minus in den Kassen zu erklären und zu bewerten ist. Deshalb sollte jeder Versuch der Konfliktlösung damit starten, die Beschreibungen von Erklärungen und Bewertungen zu trennen.

Eine weitere, auf die Beschreibungen zielende Interventionsmöglichkeit besteht darin, die Fokussierung der Aufmerksamkeit zu reflektieren und eventuell zu beeinflussen: Wer schaut wann auf welche

Phänomene, und welche verschwinden im Schwarzen Loch des blinden Flecks?

3.1.2 Erklären

Unter einer *Erklärung* ist die Konstruktion eines Mechanismus zu verstehen, der – wenn er denn tatsächlich wirksam wäre – ein beobachtetes Phänomen hervorbringen würde. Kurz: Konstruktion von Erklärungen = Hypothesenbildung. Sie ist eine der grundlegenden Methoden der Forschung, sie ist aber auch grundlegend für unsere Alltagserkenntnis. Charles S. Peirce, der diese Form menschlichen Denkens wohl am ausführlichsten studiert hat, nennt sie *Retroduktion* und stellt sie dem induktiven und deduktiven Schließen entgegen:

> „Wir sehen drei Arten des Schließens. Die erste Figur umfasst die gesamte Deduktion, ob notwendig oder wahrscheinlich. Mit ihrer Hilfe sagen wir die besonderen Ergebnisse des allgemeinen Ablaufs der Dinge voraus und berechnen, wie oft sie auf lange Sicht vorkommen. Mit der deduktiven Konklusion ist immer eine eindeutige Wahrscheinlichkeit verknüpft, weil der Schlussmodus notwendig ist. Die dritte Figur ist die Induktion, mit deren Hilfe wir ermitteln, wie oft ein Phänomen im normalen Erfahrungsablauf von einem anderen begleitet wird. Mit der induktiven Konklusion ist keine eindeutige Wahrscheinlichkeit wie die zur deduktiven Konklusion verknüpft. Aber wir können berechnen, wie oft Induktionen einer gegebenen Struktur einen gegebenen Grad von Präzision erreichen. Die zweite Figur des Schließens ist die Retroduktion. Hier gibt es nicht nur keine zur Konklusion gehörige eindeutige Wahrscheinlichkeit, sondern eine solche ist nicht einmal mit dem Schlussmodus verknüpft. Wir können nur sagen, dass die Ökonomie der Forschung auferlegt, in einem bestimmten Stadium der Untersuchung eine gegebene Hypothese zu versuchen, an der wir, solange die Fakten es zulassen, vorläufig festhalten müssen. Bei ihr gibt es keine Wahrscheinlichkeit. Sie ist eine bloße Annahme, von der wir versuchsweise ausgehen“ (Peirce 1898, S. 193).

In den Naturwissenschaften stellt man Hypothesen auf (= konstruiert Kausalität) und erhebt bzw. prüft Daten, ob sie die Hypothesen falsifizieren oder mit ihnen kompatibel sind. Eine Hypothese kann weiterverwendet werden, solange sie nicht durch die Daten ad absurdum geführt wurde. Es könnte ihr aber auch eine andere Hypothese, die mit den Daten vereinbar ist, entgegengestellt werden.

Analog wird im Alltag verfahren: Wir stellen Hypothesen auf, wie ein Geschehen zu erklären ist. Wenn es um Handlungen von Menschen geht, heißt das in der Regel, dass nach den Schuldigen und Verantwortlichen – im positiven wie im negativen Sinn – gesucht wird. Wer ist oder war der Täter? Fragen, wie ein Problem zu erklären ist, führen zur Suche nach der Schuld/dem Schuldigen, und sie führen mit ziemlicher Sicherheit zu Konflikten. Keiner will den Schwarzen Peter.

Das gilt im Fall psychischer Probleme genauso wie für soziale. Denn wenn ein Individuum, beispielsweise aufgrund einer fragwürdigen Investmententscheidung, in eine finanzielle Klemme gerät und sich nun auf der Suche nach der Erklärung das Hirn zermartert, wie das geschehen konnte und worin denn seine Schuld lag, so wird er sich in innere Konflikte stürzen. Denn um sich selbst nicht zu sehr abzuwerten und sein Selbstwertgefühl zu schützen, muss er nun nach guten Gründen suchen, warum die Entscheidung doch nicht so blödsinnig war, sondern „eigentlich" rational usw. Die Frage, was er hätte anders machen können oder sollen und was gewesen wäre, wenn er hätte ..., wird ihn davon abhalten, der aktuellen Situation ins Auge zu sehen und sein finanzielles Problem anzugehen. Er verharrt im Konflikt zwischen Vergangenheits- und Zukunftsorientierung bzw. zwischen Problem- und Lösungsorientierung. Sich auf beides zu konzentrieren, ist schwierig.

Dasselbe gilt für soziale Konflikte, nur dass die verschiedenen Positionen von unterschiedlichen Akteuren eingenommen werden, wenn sich also z. B. eine Geschäftsführung, die aufgrund einer fragwürdigen Investmententscheidung in eine finanzielle Klemme geraten ist, über die Ursache und Schuld des einen oder anderen streitet. Auch hier kann die Suche nach einer Erklärung die Charakteristika einer Gerichtsverhandlung annehmen, bei der es darum geht, einen Schuldigen dingfest zu machen. Schon in dem skizzierten Sandkastenstreit führt die zeitliche Interpunktion dazu, dass sich jedes der beiden süßen Kinder als Opfer definiert, dass sich nur verteidigt und einen Angriff (z. B. das Wegnehmen des Eimerchens) mit einem Gegenschlag (z. B. mit dem Schäufelchen auf den Kopf) beantwortet.

Erklärungen sind also stets konfliktträchtig. Daher wirkt – was es ja in manchen Kulturen gibt – Fatalismus konfliktreduzierend. Wo man keinen Einfluss auf das Geschehen hat, braucht man auch nicht nach Schuldigen zu suchen. Das gilt auch für die Erfindung neuer Krankheiten (z. B. „Sexsucht").

Für die Konfliktmoderation gilt generell, dass der Blick in die Vergangenheit eher zu vermeiden ist. Denn fast zwangsläufig endet er bei Schuldfragen. Zukunftsorientierung ist hier die Devise. Wenn man sich verirrt hat, dann ist die Suche nach dem Ausweg wichtiger als die Erklärung für das Verlaufen.

Wenn sich aber die Konstruktion von Erklärungen für einen Konflikt nicht umgehen lässt, so empfiehlt sich – vor allem für den Vermittler – Erklärungen zu konstruieren, die allen Akteuren lautere Motive zuschreiben. Das hilft, einen Kampf um die „richtige" Erklärung (= Schuldzuweisung) zu vermeiden.

Erklärungen sind auch im Blick auf die Zukunft von Bedeutung. Hier muss allerdings ihre Bewertung anders beurteilt werden: als Chance. Denn wo Entscheidungen getroffen werden, die einem definierten Ziel dienen, das heißt, wenn gehandelt wird, folgt man – in der Gegenwart – Hypothesen darüber, wie die Zukunft sich entwickeln wird bzw. wie man eine erwünschte Zukunft wahrscheinlicher machen kann. Aufgrund von Erfahrungen in der Vergangenheit (bzw. den sie erklärenden Hypothesen) wird auf die Zukunft spekuliert.

Es ist das Prinzip von Backrezepten: Wer ein Gugelhupf-Rezept kennt, weiß, was er zu tun hat, wenn er solch einen Kuchen auf dem Kaffeetisch haben will. Er muss die vorgegebene Handlungsanleitung befolgen, dann kann er damit rechnen, dass es sogar ihm gelingt, ihn zu backen. Und wer auf keinen Fall einen Gugelhupf produzieren will, der weiß, was er zu *vermeiden* hat, um ihn nicht plötzlich und unerwartet aus seinem Backofen zu ziehen.

Hier gelangen wir an den Punkt, wo Konflikte die Chance eröffnen, zu besseren Entscheidungen zu kommen. Wo immer es um Entscheidungen geht, die Auswirkungen für die Zukunft haben, kann niemand wissen, welches die beste Option ist und welches der zur Wahl stehenden, alternativen Rezepte am ehesten das Erreichen irgendeines Zieles wahrscheinlich macht. Man kann immer nur in der Gegenwart agieren, und man entscheidet aufgrund des aktuellen

Bildes der Zukunft („gegenwärtige Zukunft"). In solchen Situationen ist es nützlich, sich mit unterschiedlichen möglichen Zukünften (Szenarien) auseinanderzusetzen. Sie mögen sich gegenseitig negieren, das heißt, wenn die eine hypothetische Zukunft sich realisieren sollte, tritt die andere nicht ein, und die Maßnahmen, die sich an ihr orientiert haben, sind nicht passend – oder umgekehrt. Hier können Konflikte über die jeweils anzustrebenden Ziele/Zukünfte und/oder die Wege/Rezepte, um sie zu erreichen, zu besseren Entscheidungen führen.

Auch dies gilt wieder für soziale wie für psychische Konflikte. Im Alltag gut funktionierender Organisationen werden deshalb vor wichtigen Entscheidungen möglichst viele Vertreter unterschiedlicher Interessen und Sichtweisen zusammengeholt, um durch die Inszenierung des Konflikts nicht nur alle relevanten Informationen zu erhalten, sondern auch möglichst viele, sich widersprechende Lösungswege durchzuspielen. Auch das im Moment immer noch intelligenteste politische System, Demokratie und Parlamentarismus, beruhen auf der Idee, dass durch den öffentlichen Diskurs, den Streit der Meinungen, die Qualität der beschlossenen Gesetze gesteigert wird. Der Preis, der dafür zu zahlen ist, sind langwierige Prozesse des Abwägens (zwischen p und q), und am Ende können auch faule Kompromisse das Ergebnis sein. Aber sie sind erfahrungsgemäß weniger lebensgefährlich als die einsamen Entscheidungen vermeintlich genialer Führer.

Auch als Individuum tut man gut daran, sich den Ambivalenzen zu stellen, die mit (lebens)wichtigen Entscheidungen verbunden sind. Es ist kein Zeichen eines charakterlichen Defizits, sich zwischen verschiedenen Handlungsoptionen (die sich aus widersprüchlichen Erklärungen/Rezepten für das Erreichen eines Ziels ergeben) hin und her gerissen zu fühlen, sondern – ganz nüchtern gesehen – ein Zeichen von Intelligenz. Nur einfältige Leute kennen keinen Zwiespalt und handeln stets ambivalenzfrei.

Die Schwierigkeit, das positive, konstruktive Potenzial von Konflikten zu nutzen, resultiert daraus, dass das negative, destruktive Potenzial so groß ist. Daher wird oft die Chance, die im Konflikt liegt, nicht genutzt, um das Risiko, das damit verbunden ist, zu vermeiden.

3.1.3 Bewerten

Der Mensch kann nicht beobachten, ohne zu bewerten. Wo immer wir unterscheiden, schreiben wir implizit der einen Seite der Unterscheidung einen Wert zu, den wir der anderen Seite nicht zuschreiben (vgl. Spencer-Brown 1969, S. 1). So funktioniert schon unsere sinnliche Wahrnehmung: Wenn wir Töne oder Farben erkennen, dann bewerten wir Frequenzen, wenn wir tasten, dann bewerten wir Druck usw. Aber diese Art der Bewertung ist im Zusammenhang mit Konflikten nicht wirklich von großer Bedeutung. Was zu Konflikten führen kann und muss (!), sind moralische, ethische, ästhetische, ökonomische, politische, ideologische etc., vor allem aber emotionale Bewertungen, die Entscheidungen über Handlungen zur Folge haben.

Solche Bewertungen können ganz kaltblütig und kalkulierend im Sinne der Kosten-Nutzen-Rechnung, sie könne aber auch emotional und heißblütig, „aus dem Bauch heraus" erfolgen. Stets spielen sie eine zentrale Rolle bei der Wahl zwischen unterschiedlichen Handlungsoptionen.

Gefühle als Bewertungen zu verstehen und sie vom diskursiven Denken zu unterscheiden, hat eine lange Tradition, die bis ins Altertum zurückreicht. Doch so sinnvoll diese Unterscheidung analytisch ist, im täglichen Handeln wirken Gefühle und Denken immer als Einheit, wofür Luc Ciompi (1982) den Begriff Affektlogik geprägt hat: Wenn wir denken, dann fühlen wir auch immer gleichzeitig, und wie wir gerade fühlen, bestimmt unser Denken (mehr, als wir denken). Was uns in der Wut als logisch erscheint, erscheint uns, wenn wir uns wieder abgeregt haben, als Quatsch. Wenn wir verliebt sind, dann finden wir Verhaltensweisen des geliebten Partners rational, die wir bei Personen, denen wir etwas distanzierter gegenüberstehen, als unvernünftig o. Ä. betrachten. Das Phänomen kennt jeder aus eigener Erfahrung.

Gefühle sind – gerade im Zusammenhang mit Konflikten – ein gutes Beispiel dafür, wie unsere Bewertungen unsere Beschreibungen (Wahrnehmungen) und unsere Erklärungen leiten. Diese Wechselbeziehungen sind immer in beide Richtungen wirksam: Ändern sich die Erklärungen für ein beobachtetes Phänomen, so ändern sich auch die Bewertungen (nicht nur die damit verbundenen Gefühle, sondern eventuell auch ganz nüchterne Kosten-Nutzen-Kalkulationen), und ändern sich die Beschreibungen, dann können sich nicht nur die Bewertungen wandeln, sondern auch alternative Erklärungen konstruiert werden usw.

Unsere Bewertungen wirken als Selektionskriterien für Beschreibungen und Erklärungen. Das beginnt bei der Unterscheidung lustvoll/unlustvoll, die wir schon als Neugeborene vornehmen und die unsere Wahrnehmung steuert, und es entwickelt sich über den Erwerb gesellschaftlicher Normen und Konventionen, die uns Aktionen und Akteure als gut oder böse bewerten lassen, bis hin zur Bewertung hochkomplexer Sachverhalte in Wissenschaft oder Ökonomie.

Wer in einen Konflikt verwickelt ist oder als Mittler einbezogen wird, sollte sich immer darüber klar sein, dass keine der Parteien auf (1) dieselben „Fakten" reagiert, keiner (2) dieselben Erklärungen konstruiert und keiner sie (3) gleich bewertet. Vor allem aber sollte er damit rechnen, dass mit einer gewissen Wahrscheinlichkeit gerade dann, wenn die eine Konfliktpartei meint, auf Fakten Bezug zu nehmen (auf *ihre* Fakten), die andere Partei auf Erklärungen und Bewertungen (*ihre* Erklärungen und Bewertungen) reagiert. Dass hier alle denselben Fokus der Aufmerksamkeit haben, ist nicht sehr wahrscheinlich, dass sie sich über ihre Beschreibungen, Erklärungen und Bewertungen einigen, erst recht nicht.

Das ist einer der Gründe, warum Konflikte oft solch einen für die Beteiligten überraschenden Verlauf nehmen. Jeder der Akteure folgt der Logik der von ihm selektierten Erklärungen, Bewertungen und Beschreibungen. Sie zu kennen, ist einer der Wege, Konflikte zu einem Ende zu bringen (oder auch sie anzuheizen).

Das gilt nicht nur für soziale Konflikte. Denn auch beim individuellen Erleben von Konflikten vermischen wir in der Regel Beschreiben, Erklären und Bewerten. Wir können kaum anders, weil uns die Muster ihrer Verknüpfung seit frühester Kindheit eingeprägt sind. Deswegen sind wir uns meist auch nicht bewusst, dass wir die Option hätten, zwischen unterschiedlichen Erklärungen und Bewertungen zu wählen, ja, dass wir sogar unsere Wahrnehmungen nicht als gegeben hinnehmen müssten, sondern auch hier die Wahl hätten, anders zu beobachten.

Als Dritter, der in einen Konflikt einbezogen wird, beobachtet man in der Regel anders als die beteiligten Parteien. Erklärt und bewertet man z. B. die Geschehnisse neu (Umdeutungen, positive/negative Konnotationen), so kann schon dies festgefahrene Sichtweisen infrage stellen.

3.2 Wirklichkeiten („Landschaften", 1. Unterscheidung, Distinction)

Im vorigen Abschnitt war Thema, wie unsere „inneren Landkarten" (um bei dieser Metapher für die *Struktur* kognitiver Systeme zu bleiben) dazu beitragen, dass sich psychische und soziale Konflikte entwickeln. Jetzt wenden wir uns den *Inhalten* (den „Landschaften") zu, um die es bei Konflikten gehen kann.

Wir nehmen, ohne dies hier weiter zu problematisieren, als gegeben, dass es Strukturen und Prozesse *außerhalb* des Beobachters gibt, die für ihn relevante Umwelten darstellen (z. B. die Strukturen einer Familie, einer Organisation, des Staats). Über ihren gegenwärtigen und künftigen Zustand kann es zu Konflikten kommen (z. B. Veränderung vs. Erhaltung). Es geht dabei nicht primär um Wirklichkeits*konstruktionen*, sondern um Wirklichkeiten – die „Verhältnisse".

Bei der Analyse dieser Themen folgen wir dem Vorschlag Niklas Luhmanns, drei Sinndimensionen zu unterscheiden: die Sach-, Sozial- und Zeitdimension.

3.2.1 Sachdimension

Man streitet sich „um" etwas. Streit hat – meistens – einen Gegenstand. Das mag der Besitz des Eimerchens im Sandkasten sein, die Eigentumsrechte an Grund und Boden, die Wahl des Urlaubsortes oder der Regierungspartei. Man hat Meinungsverschiedenheiten, ob Herr X der schlechtere Bürgermeister ist oder Frau Y die bessere Ministerin ... Und man ist im Streit mit sich selbst, ob man den Abwasch machen oder lieber den Rasen mähen soll; ob man ein Auto oder eine Monatskarte für die Straßenbahn kaufen soll; ob man einen Bausparvertrag abschließen oder dauerhaft zur Miete wohnen soll.

> „Von *Sachdimension* soll die Rede sein im Hinblick auf alle *Gegenstände sinnhafter Intention* (in psychischen Systemen) *oder Themen sinnhafter Kommunikation* (in sozialen Systemen). Gegenstände oder

> Themen in diesem Sinne können auch Personen oder Personengruppen sein. Die Sachdimension wird dadurch konstituiert, dass der Sinn die Verweisungsstruktur des Gemeinten zerlegt in ‚dies' und ‚anderes'" (Luhmann 1984, S. 114).

Wo immer es darum geht, Entscheidungen über die Ordnung der Dinge zu treffen, eröffnen sich Alternativen und mit ihnen ein beträchtliches Konfliktpotenzial. Denn hier kommen die unterschiedlichen Wertmaßstäbe der Beteiligten ins Spiel. Man denke nur an solch eine banale Frage, wie man sich als Paar einrichtet. Der Geschmack der Partner ist aller Wahrscheinlichkeit nach (zumindest zu Beginn der Partnerschaft) nicht identisch. Es muss also entschieden werden, ob das geblümte Biedermeiersofa oder die lederne Bauhauscouch gekauft wird. Die Beschreibungen sind hier offensichtlich nicht das Problem, denn es gibt keinen Dissens über die Frage, ob das Sofa einen Blümchenstoff hat oder nicht. Aber die Bewertung dieser *Sache* ist es, die zu Auseinandersetzungen führen kann.

Jede Sachentscheidung ist, sobald mehr als nur eine Option zur Verfügung steht, konfliktträchtig. Dies ist die Qual der Wahl. Wenn nicht mehrere Optionen gleichzeitig realisiert werden können, dann ist die Entscheidung für die eine immer gleichbedeutend mit der Negation der anderen. Wenn weder Platz noch Geld für das Blümchensofa *und* die Bauhauscouch vorhanden ist, dann wird *entweder* das eine *oder* das andere gekauft. Kompromisse sind hier durchaus möglich und denkbar. Denn womöglich ist ja auch eine Bauhauscouch mit Blümchenstoff ganz hübsch, sodass vielleicht nicht die totale Sowohl-als-auch-Lösung gefunden wird, aber wenigstens tendenziell.

Sachfragen („Issues") sind alltäglich Thema von Konflikten, nicht nur individuell oder im privaten Kontext, sondern vor allem in Organisationen. Denn dort sind täglich Hunderte von Entscheidungen zu treffen, die zur Koordination der Handlungen einer Vielzahl von Akteuren dienen. Und in jedem dieser Fälle könnte immer auch anders entschieden werden …

Allerdings werden diese Konflikte nur selten sehr erhitzt geführt, da die Identifikation der Beteiligten mit der einen oder anderen Sachentscheidung nur begrenzt ist. Hier ist distanziertes Abwägen zwischen p und q möglich, weil in der Regel nicht die persönliche Identität, die Ehre oder der Stolz betroffen sind und eine Niederlage auf der Sachebene nicht zwangsläufig eine narzisstische Kränkung und Infragestellung dessen ist, der eine bestimmte sachliche Position vertreten hat.

Obwohl die Auseinandersetzungen und Diskussionen, die zu Entscheidungen führen, alle Charakteristika von Konflikten aufweisen (Negation der Negation – bis endlich entschieden ist), werden sie als harmlos oder gar nützlich erlebt, solange sie sich auf die Sachebene beschränken. Im Idealfall sind sich die Beteiligten über die Prozeduren einig, wie die beste Antwort auf Sachfragen zu finden ist. Das ist beispielhaft in den Naturwissenschaften der Fall, wo klare methodische Normen dazu führen, dass im Streit der Meinungen experimentell entschieden werden kann, welche Sachaussagen als „wahr" oder „falsch" anzusehen sind.

Bei Entscheidungen in Unternehmen, wo es nicht um die Entdeckung von Naturgesetzen oder -konstanten geht, sondern um die Einmischung in das Marktgeschehen, ist nicht vorherzusehen, wer mit seinem Bild der Zukunft recht hat. Es gibt keine akzeptierten, hellseherischen Methoden. Und da mit Sachentscheidungen oft auch individuelle Interessen oder prinzipielle ideologische Fragen verbunden sind, kann es auch hier zu heißen, persönlichen Konflikten kommen.

Um es mit den Begriffen der Kommunikationstheorie Paul Watzlawicks und seiner Kollegen (Watzlawick et al. 1967, S. 53 ff.) zu sagen: Es geht dann nicht mehr um die „Inhalts-", sondern die „Beziehungsaspekte" der Kommunikation – oder in der luhmannschen Terminologie: um die Sozialdimension.

3.2.2 Sozialdimension

Nicht nur Individuen, die miteinander zu tun haben, müssen sich über den Charakter ihrer Beziehung einigen, sondern auch soziale Systeme, die als handelnde Einheiten (z. B. juristische Personen wie Firmen, Staaten etc.) in Kommunikation miteinander treten. „Sich einigen" heißt in diesem Falle nicht unbedingt, dass dies explizit geschehen muss, sondern es reicht, wenn dies implizit geschieht, d. h. durch die Art und Weise, wie sie sich zueinander verhalten.

In formalisierten Kontexten wie Organisationen sind solche Beziehungsformen als Über-, Gleich- oder Unterordnungsverhältnisse an

Rollen und Stellen, die man als Person innehaben kann, gekoppelt. Wer eine Führungsposition in einem Unternehmen übernimmt, weiß, dass er damit auch die Weisungsbefugnis (innerhalb definierter Grenzen) gegenüber seinen Untergebenen („Mitarbeitern") erhält. Und er weiß, dass dies auch seine Mitarbeiter wissen und sie auch wissen, dass er weiß, dass sie wissen ... Solche Über- und Unterordnungsverhältnisse sind Inhalt des Kontraktes, den jeder beim Unterschreiben seines Arbeitsvertrags akzeptiert. Auf diese Weise wird für alle Beteiligten die Unsicherheit darüber reduziert, was sie auf der Beziehungsebene voneinander erwarten können bzw. welche Erwartungen sie beim jeweiligen Gegenpart erwarten können. In der Terminologie der Organisationstheorie: Strukturen und Personen fungieren als *Entscheidungsprämissen*, das heißt, Mitglieder der Organisation orientieren ihre Entscheidungen an diesen Prämissen. Dadurch bleibt die Frage der Über- und Unterordnung zumindest formal konfliktfrei.

Wer sich um eine Anstellung in einer Organisation bewirbt, muss daher mit sich so weit im Reinen sein, dass es sein Selbstwert zulässt, sich in eine untergeordnete Position zu begeben und die Anweisungen anderer Menschen auszuführen (oder zumindest so zu tun, als ob ...).

Die Frage, welche psychischen Auswirkungen mit welcher Position in einer Beziehung verbunden sind, ist nicht generell zu beantworten. Denn hier unterscheiden sich Menschen radikal. Der eine muss immer die Oberhand haben und versucht dies dementsprechend auch zu realisieren, indem er anderen zeigt, dass sie ihm nicht gewachsen sind („One-upmanship"), der andere fühlt sich wohler, wenn er sich an eine starke, schützende Figur anlehnen kann.

Zu psychischen Konflikten kommt es, wenn die individuellen Erwartungen an eine Beziehung enttäuscht werden. Wer beispielsweise einem Partner oder einer Partnerin immer wieder Näheangebote macht und von ihm/ihr Distanzierung als Antwort erhält, der hat wenig Chancen, die von ihm gewünschte Nähe zu erzwingen. Er muss mit der Tatsache fertig werden, dass seine Sehnsüchte nicht realisiert werden (was sie ja nicht beseitigt), und sich entweder trennen und jemanden suchen, der besser zu seinen Wünschen passt, oder sich mit dem begnügen, was der/die andere zu geben bereit ist. Beide Optionen dürfte er ambivalent erleben. Er ist im (psychischen) Konflikt, weiß nicht, was tun ...

Dass private Beziehungen so klar wie in Organisationen definiert sind, ist in der Regel nicht der Fall. Wenn Menschen sich zum ersten Mal treffen und der Kontext nicht definiert, als *wer* oder *was* sie sich treffen, ist zunächst vollkommen offen, wie ihre Beziehung sich gestalten wird. Das entscheidet die gemeinsame Geschichte, in deren Verlauf sich eine gemeinsame Beziehungsdefinition entwickelt. Sie wird faktisch jeden Tag aufs Neue ratifiziert, auch wenn sie vielleicht nie explizit thematisiert wird.

Worüber auch immer Menschen auf der Sachebene miteinander kommunizieren mögen, die Frage nach der Art ihrer Beziehung – die Sozialdimension der Kommunikation – läuft auf jeden Fall mit. Man geht davon aus, dass der andere ähnlich „tickt" wie man selbst („Ego" → „Alter Ego"), und beobachtet ihn daraufhin: Welche Erwartungen signalisiert er? Welche Zumutungen gehen von ihm aus? In welcher Situation verhält er sich anders oder gleich wie man selbst? Mit welchem Verhalten beantwortet er das eigene Verhalten?

> „Die *Sozialdimension* betrifft das, was man jeweils als seinesgleichen, als ‚Alter Ego' annimmt, und artikuliert die Relevanz dieser Annahme für jede Welterfahrung und Sinnfixierung. Auch die Sozialdimension hat weltuniversale Relevanz; denn wenn es überhaupt ein Alter Ego gibt, ist es, so wie das Ego auch, für alle Gegenstände und für alle Themen relevant" (Luhmann 1984, S. 119).

Das aus systemtheoretischer Sicht wohl nützlichste Modell, Beziehungen zwischen Akteuren, seien es nun Individuen oder soziale Einheiten, zu kategorisieren, hat der Anthropologe Gregory Bateson aufgrund seiner Feldforschungen in Neuguinea entwickelt. Er betrachtet, wie zwei Gemeinwesen mit unterschiedlichen Kulturen sich aufeinander beziehen, wenn sie miteinander in Kontakt kommen (interagieren, kommunizieren), und wendet sein Modell auch auf die Berührung differenzierter Gruppen innerhalb derselben Gemeinschaft an. Mithilfe dieser Fokussierung gelingt es ihm nicht nur, unterschiedliche Beziehungsformen zu beschreiben, sondern darüber hinaus auch die Dynamik ihrer Entwicklung zu erklären.

Die Möglichkeiten der Differenzierung lassen sich dabei prinzipiell in zwei Kategorien fassen:

> „(a) Fälle, in denen die Beziehung vor allem *symmetrisch* ist, z. B. in der Differenzierung von Hälften, Clans, Dörfern und von Nationen Europas; und (b) Fälle, in denen die Beziehung *komplementär* ist, z. B. in der Differenzierung sozialer Schichten, Klassen, Kasten, Altersstufen und, in einigen Fällen, in der kulturellen Differenzierung zwischen den Geschlechtern" (Bateson 1935, S. 107).

Diese Beziehungsformen sind das Ergebnis von Differenzierungsprozessen, innerhalb derer entweder die *Gleichheit* oder die *Unterschiedlichkeit* der beteiligten Gruppen betont wird. Auch falls die Gleichheit die Beziehung definiert, ist die Abgrenzung zwischen beiden Gruppen eindeutig. Dies wird dadurch sichergestellt, dass die Kommunikations- und Interaktionsregeln einer klaren Innen-außen-Unterscheidung folgen:

> „Die Mitglieder der Gruppe A [zeigen] Verhaltensmuster A, B, C in ihrem Umgang miteinander, nehmen aber in ihrem Umgang mit Mitgliedern der Gruppe B die Muster X, Y, Z an. Ähnlich nimmt Gruppe B die Muster A, B, C untereinander an, zeigt aber gegenüber A die Muster X, Y, Z. Es wird also ein Standpunkt aufgebaut, bei dem das Verhalten X, Y, Z die Standard-Erwiderung auf X, Y, Z ist" (Bateson 1935, S. 107 f.).

Auf diese Weise findet eine *symmetrische Differenzierung* statt, bei der zwischen den Mitgliedern der eigenen und fremden Gruppe unterschieden wird, aber in der Interaktion zwischen den beiden sozialen Einheiten wird Gleichheit praktiziert.

Bei der *komplementären Differenzierung* behandeln sich die Gruppen hingegen gegenseitig grundlegend unterschiedlich:

> „Die Mitglieder der Gruppe A behandeln einander […] mit den Mustern L, M, N und zeigen Muster O, P, Q im Umgang mit der Gruppe B. Als Erwiderung auf O, P, Q zeigen die Mitglieder der Gruppe B die Muster U, V, W, aber untereinander nehmen sie die Muster R, S, T an. Es kommt also dazu, dass O, P, Q die Erwiderung auf U, V, W ist und umgekehrt" (Bateson 1935, S. 108).

Beide Beziehungsmuster oder Strukturen, die symmetrische wie die komplementäre, bedürfen immer wieder der gegenseitigen kommunikativen Bestätigung. Wenn beispielsweise Gruppe A gegenüber Gruppe

B das Verhalten X, Y, Z zeigt und erwartet, dass Gruppe B mit dem bis dahin üblichen (gleichen) Verhalten X, Y, Z antwortet, stattdessen aber die Antwort O, P, Q erhält, so sind beide Seiten sich offensichtlich nicht über die Art ihrer Beziehung einig. Wo die eine Symmetrie erwartet, bietet die andere Komplementarität. Es herrscht keine konsensuelle Beziehungsrealität (vgl. Stierlin 1956), das heißt, es kommt entweder zum Beziehungsabbruch oder zum Konflikt.

Dass es zum Beziehungsabbruch kommt, ist bei benachbarten sozialen Systemen wie Stämmen oder Nationen wenig wahrscheinlich, da sie sich nicht aus dem Wege gehen können. Aber bei Individuen, die ihre Beziehungsdefinitionen nach demselben logischen Schema aushandeln, ist dies möglich: Herr A lädt Herrn B in eine Bar ein und bezahlt das Bier. Bei der nächsten Gelegenheit, bei der A und B sich in einer Bar treffen, lädt B nun A *nicht* zum Bier ein, sondern besteht darauf, dass jeder seine Zeche selbst zahlt. Oder, eine andere Variante der Uneinigkeit über die Beziehungsdefinition: A besteht *immer* darauf zu bezahlen und gibt so B keine Chance, Geben und Nehmen in die Balance zu bringen. Hier handelt es sich um das einseitige Angebot einer komplementären Beziehung. Wenn B es nicht annehmen will, kann er entweder vermeiden, Herrn A in einer Bar zu treffen, oder er muss sich mit ihm um das Bezahlen der gemeinsamen Zeche streiten.

Obwohl dies ein banales Beispiel ist, kann es verdeutlichen, dass die Sozialdimension der Kommunikation besonders konfliktanfällig ist, da zu einer Beziehungsdefinition immer alle Beteiligten Ja sagen müssen, oder anders formuliert: *Jeder hat das Vetorecht gegenüber der Beziehungsdefinition*, indem er zum Beziehungsangebot des anderen Nein sagt und einen Konflikt startet.

Mit dieser Möglichkeit experimentieren Individuen bereits früh in ihrer Kindheit, indem sie den Wünschen oder Forderungen von Eltern oder anderen Erwachsenen ein Nein entgegensetzen („Trotzphase") und damit ihre Autonomie in der Beziehung beweisen – sich und den anderen.

Professionelle Rollenbeziehungen wie etwa die zwischen Arzt und Patient sind komplementär, das heißt, sie beruhen darauf, dass die Beteiligten unterschiedliche Funktionen ausüben. Dies muss nicht erst ausgehandelt werden, sondern gehört zu den kulturell bestimmten

Erwartungen („Entscheidungsprämissen"). Daher ist es verwunderlich (und konfliktträchtig), wenn ein Arzt, der zu einem Patienten oder gar einer Patientin sagt: „Bitte machen Sie sich frei!", die Antwort hört: „Erst Sie!"

Die extremste Form des Konflikts, der die Sozialdimension betrifft, ist der *Krieg*. Denn dabei geht es nicht um die Negation irgendwelcher sachlicher Aussagen oder Vorhaben, sondern um den wechselseitigen Versuch der *Vernichtung* der Existenz der beteiligten Parteien (Individuum/soziale Einheit). Mit den Worten des Militärhistorikers Martin van Creveld (1991, S. 234 f.):

> „In Wahrheit beginnt der Krieg nicht dann, wenn einige Menschen andere umbringen. Vielmehr beginnt er an dem Punkt, da Erstere das Risiko eingehen, selbst getötet zu werden."

Und ganz im Sinne unserer Konfliktdefinition formuliert Carl Schmitt (1932, S. 33): „Der Krieg folgt aus der Feindschaft, denn diese ist seinsmäßige Negierung eines anderen Seins."

Konflikte, in denen die drohende Verneinung die Vernichtung ist, kann man als Kriege bezeichnen. Damit sind dann nicht nur gewalttätige Auseinandersetzungen zwischen Nationen gemeint, sondern auch all die Konfliktfälle, in denen die sich gegenüberstehenden Gegner ihre eventuell auch nur ideelle, wirtschaftliche, moralische etc. *Existenz* aufs Spiel setzen bzw. gegenseitig ihre Existenzberechtigung infrage stellen (siehe dazu ausführlich Simon 2001).

Es geht auch hier um die Sozialdimension, genauer: eine Beziehungsdefinition, die es nicht erlaubt, dass zwei Akteure gleichzeitig existieren.

3.2.3 Zeitdimension

„Die Zeitdimension wir dadurch konstituiert, dass die Differenz von Vorher und Nachher, die an allen Ereignissen unmittelbar erfahrbar ist, auf Sonderhorizonte bezogen, nämlich in die Vergangenheit und die Zukunft verlängert wird. Die Zeit wird dadurch von der Bindung an das unmittelbar Erfahrbare gelöst, die streift allmählich auch die Zuordnung zur Differenz von Anwesendem und Abwesendem ab, sie wir zu einer eigenständigen Dimension, die nur noch das Wann und nicht mehr das Wer/Was/Wo/Wie des Erlebens und Handelns ord-

> net. Die Zeit wird neutral in Bezug auf ‚anwesend' und ‚abwesend', und Abwesendes kann dann ohne Rücksicht auf die Zeit, die man braucht, um es zu erreichen, als gleichzeitig aufgefasst werden. Jetzt wird eine einheitliche, vereinheitlichende Zeitmessung möglich, und in der Zeitsemantik lassen sich dann auch die Zeitpunktsequenzen von den Vergangenheit/Gegenwart/Zukunft-Verhältnissen trennen und zu ihnen in Beziehung setzen" (Luhmann 1984, S. 116).

Konflikte finden *immer* in der Gegenwart statt. Aber ihr Thema sind fast immer Vergangenheit und Zukunft. Wenn wir davon ausgehen, dass der Grund für einen aktuellen Konflikt stets die Notwendigkeit der Entscheidung ist, dann ist die Frage, wie es dazu kommen konnte, dass man jetzt in der Situation ist, in der man ist – falls man sich über deren Beschreibung überhaupt einigen kann –, zwangsläufig konfliktträchtig. Denn in der Regel gibt es sehr unterschiedliche Erklärungen dafür, welches die Schritte der historischen Entwicklung waren. Wenn die aktuelle Situation positiv bewertet wird (man hat z. B. einen Erfolg erzielt), so stellt sich die Frage, wer dafür honoriert werden muss. Honoriert im doppelten Sinn: wer die Ehre bekommt und wer das Geld – die Bezahlung für eine gemeinsame Leistung. Im Misserfolgsfall passiert das Gleiche, aber mit umgekehrtem Vorzeichen. Wer ist schuld, dass ...? Wer muss bestraft werden? Wer hat Konsequenzen zu ziehen oder zu tragen? Etc.

Dass solche Fragen ganz grundlegend mit der Konstruktion der Geschichte, dem Ordnen der Ereignisse in einer zeitlichen Abfolge, des Vorher und Nachher, zu tun haben, ist angesichts der zeitlichen Ordnung von Kausalitäten kaum zu vermeiden. Wenn die Ursache vor der Wirkung verortet werden muss, dann ist der Streit um Interpunktion und zeitliche Re-Konstruktion der Ereignisse unvermeidlich. Es geht um die „gegenwärtige Vergangenheit" und ihre Festschreibung. Dass der Sieger immer die Geschichte schreibt, dient auch der nachträglichen Legitimation seines Verhaltens – das im Zweifel während des Konfliktes nicht immer so war, wie es sein idealisiertes Selbstbild suggeriert.

Warum der Vergangenheit so viel Bedeutung gegeben wird, lässt sich damit erklären, dass das gegenwärtige Verhalten durch Verweis auf die Vergangenheit legitimiert wird („Weil du mir das Eimerchen weggenommen hast, muss ich dir jetzt mit dem Schäufelchen auf den Kopf hauen." – Hier stehe ich, ich kann nicht anders). Es geht also bei der Vergangenheitsorientierung im Konfliktfall meist weniger um die Klärung der Sachebene, sondern um die Sozialdimension. Wer als der Schuldige entlarvt wird, hat in der Gegenwart einen Preis zu zahlen. Und um den geht es in der Regel, wenn die Vergangenheit aktuell im Fokus der Aufmerksamkeit steht. (Anders ist es, wenn reflektierend versucht wird, einen Konfliktverlauf zu rekonstruieren, um zu verhindern, dass sich das Geschehen wiederholt – aber das gelingt erst, wenn der Konflikt gelöst ist.)

Weit nützlicher sind Konflikte über die Zukunft. Denn auch wenn niemand weiß, wie sie sich gestalten wird, werden die gegenwärtigen Entscheidungen einen Einfluss auf sie haben. Und da diese Entscheidungen noch nicht getroffen und umgesetzt sind, geht es auch (noch) nicht um Schuld.

Individuell stellt sich jeden Tag die Frage: Was tun? Selbst wenn diese Frage auf der Sachebene beantwortet ist, bleibt zu entscheiden, *wann* es zu tun ist. Denn das richtige Timing ist ja meist für das Erreichen irgendwelcher Ziele von großer Bedeutung. Es gibt für manche Taten den richtigen – und nur den einen richtigen – Augenblick. Der griechische Gott, durch den dieser Moment personalisiert wurde („Kairos"), hatte vorn einen prächtigen Haarschopf und war am Hinterkopf kahl. Wenn man zu lange wartete und ihn nicht am Schopf packte, dann war er vorbei. Man sah ihn noch, aber er ließ sich nicht mehr ergreifen.

Jetzt oder später, das ist der Konflikt, der einen Einzelnen wie auch eine Gruppe oder ein anderes soziales System beschäftigen kann. Allerdings ist es ein Typ von Konflikt, der sich früher oder später von allein erledigt: vorbei ist vorbei. Dann wird gern im Rückblick der Streit darüber geführt, was wann hätte getan werden müssen und wer schuld ist, dass nicht ... usw.

Auch bei der Auseinandersetzung um hypothetische Zukünfte oder die richtigen Zeitpunkte geht es oft genug um die Beziehungsebene der Kommunikation. Wer setzt sich wem gegenüber durch? Denn die Zukunft lässt sich für die Gegenwart nutzen, um Beziehungen hier und jetzt zu definieren. Da noch nicht klar ist, wie die Geschichte weitergehen wird, besteht bei zukunftsorientierten Diskussionen und Konflikten aber die Chance, dass auf der Sachebene Argumente getauscht und bewertet werden.

Hier kann der Konflikt zur Ressource werden, der intelligente(re) Entscheidungen ermöglicht, indem unterschiedliche Wirklichkeitskonstruktionen – seien es Beschreibungen, Erklärungen oder Bewertungen – aufeinandertreffen und das Spiel der Optionen ausgetragen werden kann. Die Variation der Konstruktionen wird vervielfacht und die Selektion ist aus einem größeren Pool möglich. Vor allem aber: Es kann nach bestem (wenn auch immer beschränktem) Wissen und Gewissen zielorientiert und rational (d. h. divergierende Ziele und diverse Mittel in Beziehung setzend) entschieden werden.

Noch ein weiterer Aspekt der Zeitdimension ist für die Dynamik von Konflikten von großer Bedeutung: Zeitdruck. Wenn keine Zeit zur Verfügung steht, um zu reflektieren und zu diskutieren, wie entschieden werden soll, dann hat dies nicht nur Auswirkungen auf die sachlichen Inhalte, sondern auch Folgen für die Beziehung der Beteiligten: Hierarchie verkürzt die Kommunikation, daher wird – im Umkehrschluss – Zeitdruck als Legitimation für Hierarchiebildung bzw. autoritäre Entscheidungen genutzt (meist von denen, die Sachdiskussionen verhindern wollen).

Insofern sollte klar sein, dass keine der genannten drei Sinndimensionen unabhängig von den beiden anderen die Kommunikation bestimmt, auch wenn die eine oder die andere aktuell im Fokus der Aufmerksamkeit stehen mag.

Wer die Kommunikation unter Konfliktparteien beobachtet, kann manchmal nicht auf den ersten Blick erkennen, ob das offen angesprochene Thema auch der Streitpunkt ist. Da Sachthemen zur Beziehungsdefinition genutzt werden, können sie von einer Minute zur anderen ihre Bedeutung verändern (Dr. Klöbner: „Ich bade immer mit meiner Ente." – Müller-Lüdenscheid: „Aber nicht in meiner Wanne." [Wenige Augenblicke später:] Müller-Lüdenscheid: „Sie lassen sofort die Ente zu Wasser!" – Dr. Klöbner: „Nein, mit ihnen teilt meine Ente das Wasser nicht!"; Loriot 2007).

Für den Außenstehenden ist dies nicht immer leicht durchschaubar, denn die Konfliktparteien haben im Laufe ihrer gemeinsamen Geschichte spezifische Codes entwickelt, die nicht ohne Weiteres für Fremde übersetzbar sind. Für die Konfliktbearbeitung ist es aber wichtig, diese drei Dimensionen zu unterscheiden. Denn es hilft wenig, auf der Sachebene nach Lösungen zu suchen, wenn die Beteiligten sich nicht über die Art ihrer Beziehung einigen können oder wollen oder nicht genug Zeit ist, um sich überhaupt mit den Hintergründen des Konfliktes zu beschäftigen.

3.3 Konfliktmatrix

Die Logik unterschiedlicher Konfliktmuster lässt sich erfassen, wenn wir die Kombinationsmöglichkeiten der skizzierten drei Sinndimensionen und die drei dargestellten Aspekte von Wirklichkeitskonstruktionen durchdeklinieren. Die *Beschreibung* von Phänomenen kann sowohl die *Sachdimension*, die *Sozialdimension* als auch die *Zeitdimension* betreffen. Dasselbe gilt für die konstruierten *Erklärungen* und *Bewertungen.* Welche Gestalt Konflikte annehmen, hängt davon ab, ob sie durch die unterschiedliche Beschreibung von Sachfragen oder durch die gegensätzliche Erklärung und Bewertung persönlicher Beziehungen entstehen usw.

Mit der nachfolgenden 3x3-Matrix lassen sich Konfliktmuster bzw. die jeweiligen Konfliktfelder diagnostisch grob einordnen:

p \ q	Beschreiben	Erklären	Bewerten
Sachdimension			
Sozialdimension			
Zeitdimension			

Abb. 5: Konfliktmatrix

Es gibt, genau besehen, keine Konflikte, die nur in eine der gezeichneten Schubladen einzuordnen wären. Es herrscht immer eine Mischung. Aber die Mischungsverhältnisse können sehr unterschiedlich sein und: Sie ändern sich erfahrungsgemäß im Verlauf eines Konfliktes. Aus Sachkonflikten können Sozialkonflikte werden, und Zeitkonflikte werden sie zwangsläufig, wenn sie kein Ende finden.

Wenn es darum geht, Konflikte zu bearbeiten – sei es als vom inneren Konflikt geschütteltes Individuum, sei es als Beteiligter an einem interpersonellen Konflikt oder als schlichtender Dritter oder Therapeut –, dann kann diese Matrix eine grobe Orientierung liefern, wie die unterschiedlichen Positionen oder Parteien (p vs. q) den unterschiedlichen Sinndimensionen und den verschiedenen Aspekten von Wirklichkeitskonstruktionen zuzuordnen sind.

4 Psychische Konflikte

Die genannten Sinndimensionen und Bereiche der Wirklichkeitskonstruktion bestimmen die Dynamik psychischer Prozesse (Denken und Fühlen als Operationen des Bewusstseins) ebenso wie die sozialer Prozesse (Kommunikationsprozesse). Das gilt auch für die Konflikte, die sich in beiden Typen von Systemen bilden.

Ein Blick auf die Relation von psychischen und sozialen Prozessen zeigt, dass beide Konflikttypen unabhängig voneinander existieren können: Ein Mensch mag große innere Konflikte durchleben, aber das soziale System, an dem er teilnimmt – z. B. seine Familie oder die Organisation, in der er arbeitet –, bemerkt nichts davon. Er funktioniert, d. h. verhält sich, wie von ihm erwartet, und die Spielregeln des sozialen Systems werden nicht gestört. Wie die Operettenweisheit schon sagt: „Wie's da drinnen aussieht, geht niemand was an!" Sein Konflikt beeinträchtigt nicht die Kommunikation, weil er ihn nicht zeigt. Und umgekehrt: Ein soziales System mag von Streit zerrüttet sein, aber seine Mitglieder sind jeweils mit sich selbst vollkommen im Reinen. Ja, oft ist der Konflikt mit anderen sogar die Voraussetzung dafür, als Individuum ambivalenzfrei handeln zu können.

Wie kann diese Unabhängigkeit psychischer und sozialer Konflikte konzeptualisiert werden? Und auf welcher Systemebene – so die damit verbundene (und später zu beantwortende) Frage – sollte zur Lösung eines aktuellen Konfliktes schlauerweise interveniert werden: auf der des Individuums (psychisches System) oder des sozialen Systems (Kommunikationsmuster)?

Beginnen wir mit einem Blick auf die Besonderheiten psychischer Konflikte bzw. auf einige Modelle, die sie und ihre Dynamik zu erklären versuchen.

4.1 Psychologische Modelle

Die Psychologie der letzten 150 Jahre war zum guten Teil Konfliktpsychologie. An vorderster Stelle ist hier die Psychoanalyse zu nennen, deren Theoriegebäude von Sigmund Freud um spezifische Konflikte herumgebaut wurde. Seiner Zeit entsprechend, in der in der westlichen Welt und exemplarisch dafür in Wien eine rigide Sexualmoral herrschte, waren dies Konflikte, die sich aus dem Widerspruch zwischen körperlichen (sexuellen) Bedürfnissen und gesellschaftlichen Konventionen und Regeln ergaben.

Freud entwickelte ein Modell, in dem er abgegrenzte psychische *Einheiten* unterschied, die er „Instanzen" nannte. Sie interagierten miteinander und konnten daher auch in Konflikt miteinander geraten. Dem „Es", das für die Wahrnehmung körperlichen Begehrens und der damit verbundenen Handlungsimpulse („Trieb") stand, stellte er das „Über-Ich" entgegen, das die internalisierten gesellschaftlichen Erwartungen repräsentierte. Das „Ich" war gewissermaßen das Schlachtfeld, auf dem sich die Konflikte zwischen diesen gegensätzlichen Erwartungen und Wünschen abspielten. In der psychoanalytischen „Ich-Psychologie" definierte bereits Freud das Ich als Selbstorganisationsprozess: „Das Ich ist eine Organisation, es beruht auf dem freien Verkehr und der Möglichkeit gegenseitiger Beeinflussung unter allen seinen Bestandteilen" (Freud 1926, S. 125).

Die Psyche in unterschiedliche – dem handelnden Subjekt nachgebildete – imaginäre Akteure zu teilen, ist ein populärer Weg, die Komplexität psychischer Prozesse zu veranschaulichen. So gibt es Modelle der „inneren Familie" des „inneren Teams", des „inneren Parlaments" usw.

All dies sind Metaphern, welche der Schwierigkeit jeder Psychologie zu begegnen versuchen, dass ein Phänomenbereich beschrieben werden soll, der prinzipiell *immer nur einem* Beobachter direkt zugänglich ist: dem Selbstbeobachter. In der Idee von Instanzen oder der verinnerlichten Familie werden intrapsychische Prozesse als Kommunikationsprozesse modelliert, um den Unterschied zwischen Selbst- und Fremdbeobachtung zu überbrücken.

Wer einen anderen Menschen von außen beobachtet, hat immer nur Zugang zu dessen wahrnehmbarem *Verhalten*, nicht zu den damit verbundenen Gedanken und Gefühlen. Ja, er kann nicht einmal *Handlungen* sinnlich wahrnehmen, denn um ein Verhalten als Handlung zu definieren, bedarf es des bereits dargestellten Konstruktionsprozesses, bei dem das kontinuierliche Verhalten eines Menschen interpunktiert, in Einheiten zerlegt und durch Absichten oder Motive dessen erklärt wird, der dieses Verhalten zeigt. Der Mensch, der sich so und nicht anders verhält, wird dadurch zum „handelnden Subjekt" befördert. Und das gilt analog für die Selbstbeobachtung, durch die jemand sich als verantwortlich für sein eigenes Verhalten begreift.

Durch die Erfindung des handelnden Subjekts wird menschliches Verhalten auch Gegenstand moralischer (oder anderer, kulturell definierter) Bewertungen. Wäre es als Symptom einer Krankheit erklärt worden, d. h. nicht als Handlung, wäre es zwar auch bewertet worden, aber nach naturwissenschaftlich-diagnostischen Maßstäben, nicht nach moralischen.

Da psychische Prozesse nicht direkt der Beobachtung anderer zugänglich sind, kommt der außenstehende Beobachter nicht umhin, dem Verhalten des anderen Bedeutung zuzuschreiben. Was liegt näher, als die „Landkarte" *nicht beobachtbarer Sinnprozesse* (psychisches System) nach dem Vorbild *beobachtbarer Sinnprozesse* zu zeichnen? Das Ergebnis ist dann, dass psychische Prozesse nach dem Muster sozialer Prozesse beschrieben, erklärt und bewertet werden. So wird die Psyche als eine Art internalisiertes soziales System beobachtet, in dem „Instanzen" miteinander verhandeln oder internalisierte Mutter-Bilder und Vater-Imagos miteinander im Wettstreit stehen.

Lerntheoretische Ansätze der Psychologie beruhen nicht im selben Maße auf der sozialen Metaphorik. Der Gefahr, in relativ mechanistischen Reiz-Reaktion-Mustern zu denken, entgehen sie, wenn sie *Lernen* als *Selektionsprozess* verstehen, das im Dreischritt von *Variation*, *Selektion* und *Retention* dazu führt, dass Denk- und Fühl-Strukturen in der Interaktion mit den jeweiligen sozialen und physischen Umwelten gebildet und stabilisiert werden.

Aus systemtheoretischer Sicht sind psychische Systeme und Strukturen immer als *Prozesse* zu konzeptualisieren. Operationen (Gedanken und Gefühle) schließen an Operationen (Gedanken und Gefühle) an, und solange dieser Prozess fortgesetzt wird (Autopoiese), existiert das jeweilige psychische System weiter. Sie sind gegenüber biologischen und sozialen Prozessen abgegrenzt. Das heißt, biochemische Prozesse mögen die notwendige Voraussetzung für die Möglichkeit des Denkens und Fühlens sein, aber biochemische Reaktionen sind *nie* Elemente des Denkens und Fühlens – höchstens ihr Thema. Der Körper eines Menschen ist relevante Umwelt seiner Psyche, aber beide Systeme werden durch einen anderen Typus von Operationen gebildet (biochemische Reaktionen vs. Denken und Fühlen).

Relevante Umwelt der Psyche heißt zum einen, dass es ohne diese Umwelt keine Psyche gäbe. Doch es besteht keine deterministische Ursache-Wirkung-Beziehung zwischen dem, was in dieser Umwelt (dem Körper) geschieht, und den psychischen Reaktionen darauf. Wer zum Beispiel als katholischer Priester, der sich dem Zölibat unterworfen hat, sexuelle Impulse verspürt (Wahrnehmung/psychische Reaktion auf körperliche Prozesse), hat eine Vielzahl von Möglichkeiten, mit dieser Irritation umzugehen: Er kann beten, kalt duschen, von der Versuchung durch harte Gartenarbeit ablenken (ora et labora), sexuelle Begierden durch intellektuelle Ambitionen sublimieren, der Haushälterin nachstellen, einen Chorknaben verführen usw. Dass hier durch die soziale Spielregel, der dieser Priester sich unterworfen hat (Zölibat), und die „Spielregeln" seines Organismus (sexuelle Bedürfnisse) ein Konfliktpotenzial aufgebaut ist, dürfte deutlich sein.

Insofern ist das Freud'sche Instanzen-Modell nicht schlecht, da es den Widerspruch zwischen zwei relevanten Umwelten der Psyche bzw. deren Anforderungen und Erwartungen benennt. Man darf allerdings nicht annehmen, da säßen in irgendeinem Winkel des Ich Anwälte und Richter, die jeweils über Schuld und Unschuld entscheiden. Doch die Funktionen, die diesen Instanzen zugeschrieben sind, und ihr Wechselspiel beschreiben die Dynamiken psychischer Konflikte offenbar ganz passend.

Wenn wir uns auf die skizzierten Grundprinzipien der Wirklichkeitskonstruktion besinnen, so kann gesagt werden, dass auch viele Aspekte der psychoanalytischen Selbstpsychologie und der Narzissmustheorie gut zu konstruktivistischen Modellen passen. Das bezieht sich zunächst darauf, dass jedes psychische System als Sinnsystem Unterscheidungen vollzieht, die es bezeichnet:

Beginnen wir bei den Beschreibungen (Wahrnehmungen, die geordnet werden müssen). An erster Stelle ist hier die Unterscheidung „Selbst"/„Nicht-Selbst" bzw. „Ich"/„Anderer" („Ego"/„Alter Ego") zu nennen. *Innerhalb* des psychischen Systems wird eine Innen-außen-Unterscheidung (Distinction) konstruiert zwischen einer

Einheit, die für den Beobachter steht und „Ich“ oder „Selbst“ genannt wird (Indication). Auf der Außenseite dieser Unterscheidung werden die „Objekte“, die „anderen“ nach dem analogen Bauplan konstruiert (Alter Ego). Einen Teil der von ihm wahrgenommenen Phänomene (Beschreibungen) schreibt das psychische System sich selbst zu (Selbstreferenz), einen Teil dem oder den anderen (Fremdreferenz).

Was die Erklärungen betrifft, so hat es nun die doppelte Möglichkeit, die Ursache für ein Geschehen sich selbst oder dem (d. h. irgendeinem) anderen zuzuschreiben. Das ist im Konfliktfall von großer Bedeutung, da diese Zuschreibung von Ursache oder Verantwortung festlegt, von wem eine Änderung des Verhaltens (= Beseitigung der Ursache für den Konflikt) erwartet wird.

Und schließlich wird psychisch auch bewertet. Das mag als nüchterne Kosten-Nutzen-Rechnung oder auch „aus dem Bauch heraus“ und „intuitiv“ erfolgen. Dabei geht es aber nicht nur um die Bewertung einzelner Handlungen, sondern auch – und vor allem – um die Bewertung des Selbst in der Beziehung zu anderen. Man kann sich aufgewertet oder abgewertet, überlegen oder unterlegen usw. fühlen („narzisstische Zufuhr“, „Kränkung“ etc.).

Das soziale System und das psychische System sind – systemtheoretisch gesehen – strukturell gekoppelt, das heißt, sie durchlaufen eine Koevolution, bei der jedes als relevante Umwelt für das andere fungiert. Hier kann es zu großen Diskrepanzen zwischen dem eigenen Selbstbild und dem in der Kommunikation entstandenen und zurückgespiegelten Fremdbild einer Person kommen. Selbstbeschreibung, Selbsterklärung und Selbstbewertung unterscheiden sich fast immer von den Fremdbeschreibungen, Fremderklärungen und Fremdbewertungen, die durch die Vielzahl der Kommunikationspartner geäußert werden.

4.2 Fühlen und Denken

Im Gegensatz zum Alltagsverständnis ist Fühlen nicht der Gegensatz zu rationalem Denken. Denn auch im Fühlen beschreiben, erklären und bewerten wir. Allerdings sind die Unterscheidungsschemata anders als beim diskursiven Denken.

In einer groß angelegten Studie in mehr als zwanzig Sprachen hat der Psycholinguist Osgood mit seinen Mitarbeitern (Osgood et al. 1975) die invarianten Bedeutungen analysiert, die unabhängig von der jeweiligen Sprache in Begriffen enthalten sind, die Affekte und Emotionen bezeichnen. Es sind drei Dimensionen, innerhalb derer im Fühlen Unterscheidungen vollzogen werden und die den semantischen Raum, der durch Gefühle konstruiert wird, definieren. Dabei werden jeweils *komplementäre* Eigenschaften zueinander in Beziehung gesetzt:

1. aktiv/passiv
2. stark/schwach
3. gut/böse

Wer diese drei Unterscheidungsdimensionen nutzt, um seine Wirklichkeit zu konstruieren, kann sein Handeln daran orientieren. Ist er mit einem Phänomen konfrontiert, welches er nicht kennt – sei es ein unbelebter Gegenstand, ein Tier, ein Mensch –, muss er schnell entscheiden können, wenn er überleben will. Und um dies tun zu können, braucht er Unterscheidungsschemata, durch welche die Komplexität der Welt gezielt und schnell reduziert wird. Alles, was keine Bedeutung für sein aktuelles Handeln *in Bezug auf sein Gegenüber* hat, kann ausgeblendet bleiben. Und dies geschieht beim Fühlen: Der Fokus der Aufmerksamkeit wird exklusiv auf die *Beziehung* des Beobachters *zu seiner aktuellen Umwelt* eingeengt, d. h. auf die Beziehung zu den Akteuren, mit denen er es aktuell zu tun hat.

Nehmen wir als Beispiel das Zusammentreffen mit einem fremden Menschen, dessen Absichten nicht klar sind. Hier gilt es, sich schnell ein Urteil zu bilden: Ist er bzw. seine Absicht in Bezug auf mich als „gut" oder „böse" zu bewerten? Will er mir Böses? Meine Brieftasche klauen, mich vergewaltigen? Wenn ich ihn als böse einschätze, dann stellt sich die Frage, ob er im Vergleich zu mir „stark" oder „schwach" ist. Ist es ein Bübchen, dem ich leicht ein paar erzieherische Schläge auf die Finger geben kann, wenn er frech wird? Ist er ein Bodybuilder, dessen Wünschen ich mich besser nicht widersetze, zumal er ziemlich unbeherrscht wirkt? Und wenn er stark und böse ist, dann ist es für mich wichtig zu wissen, ob er „aktiv" oder „passiv" ist. Ist es ein schlafender Hund, den ich besser nicht wecke? Sollte ich mich lieber davonmachen, ihm die Zähne zeigen oder mich scheintot stellen? Soll ich den Kampf riskieren oder mein Heil in der Flucht suchen? Usw.

Gefühle, so kann man aus den Untersuchungen Osgoods schließen, sind Kognitionen. Genauer gesagt: Es sind Wirklichkeitskonstruktionen aus der Innenperspektive dessen, der handeln muss, und sie betreffen nahezu ausschließlich die *Sozialdimension*. Daher wird der Begriff „emotionale Intelligenz" auch synonym mit „sozialer Intelligenz" verwendet.

Soziologisch gesehen können Gefühle als „symbolisch generalisierte Kommunikationsmedien" betrachtet werden. Damit ist gemeint, dass sie – analog zum Geld, das als Medium auf Wert verweist und Wert hat – in der Kommunikation *auf das verweisen, was sie sind*: Ausdruck von Erleben, das mit einer spezifischen Handlungsbereitschaft und einem komplementären Beziehungsangebot an den anderen verbunden ist. Außerdem sind sie insofern *generalisiert*, dass in die Kommunikation von und mit Emotionen jeder sofort einsteigen kann, ohne eine gemeinsame Geschichte mit dem anderen haben zu müssen. Sie erklären sich selbst und werden universell verstanden. Ein Unbekannter zeigt das Imponiergehabe eines Gorillas (aktiv/stark), und wer ihm gegenübersteht, muss sich entscheiden, ob er klein bei gibt (passiv/schwach) oder es mit ihm aufnimmt (ebenfalls: aktiv/stark). Daher können durch Emotionen sehr unwahrscheinliche Kommunikationen realisiert werden – und das innerhalb von Sekundenbruchteilen (Simon 2004).

Möglich wird das unter anderem, weil Emotionen ihr Bild der Beziehungen und der beteiligten Protagonisten mit ziemlich groben Strichen malen. Sie konstruieren Täter- und Opfer-Rollen bzw. Täter-Opfer-Beziehungen, aus denen sich eine schlichte Handlungslogik ableitet, die nur schwarz oder weiß kennt. Aufgrund dieser simplen, binären Schematisierung erlauben sie keine feinkörnige Differenzierung. Ihre Rationalität besteht darin, dass sie in der direkten Interaktion schnelles Handeln ermöglichen. Sie setzen in Bewegung („Emotion").

So sind Gefühle in der Regel auch eng mit körperlichen Reaktionen gekoppelt, die zur Erhöhung der individuellen Handlungsfähigkeit führen. Es sind physiologische Muster, die zu Flucht und Kampf vorbereiten (den Blutdruck erhöhen, die Verdauungsaktivitäten ruhigstellen, Hormone ausschütten usw.) oder aber, wenn Passivität die einzige Option zu sein scheint, mit Depression all dieser die Aktivierung fördernden, biochemischen Bereitstellungsreaktionen verbunden sind.

Doch die Rationalität der Gefühle ist ja nur die eine Form menschlicher Rationalität. Ihr steht die Rationalität des diskursiven Denkens gegenüber. Es ist zu viel größerer Differenziertheit fähig, seine Unterscheidungen können feinkörniger sein, ihre Wechselbeziehungen komplexer. Aber Denken dauert länger, denn es hat größere Schwierigkeiten, zu eindeutigen Bewertungen zu gelangen. Da es über eine Vielzahl unterschiedlicher Bewertungsmaßstäbe verfügt, ist es auch mit einer Menge von Widersprüchen konfrontiert, die sich aus dem möglichen Bezug auf diese Maßstäbe ergeben. Außerdem erfolgt diskursives bzw. analytisches und synthetisches Denken immer aus der Perspektive des außenstehenden Beobachters, selbst wenn es der Selbstreflexion gilt. Denn der Beobachter, der über sich nachdenkt, schaut gewissermaßen von außen auf sich und die Beziehungen zu anderen. Hypothetisch kann er unterschiedliche Zukunftsszenarien entwickeln, Alternativen durchspielen sowie komplexe Handlungsmuster und Organisationsformen planen. Ehe er handelt, wägt er ab, zögert, kalkuliert usw. Daher ist der Weg vom Denken zum Handeln stets weiter als der vom Fühlen zum Handeln, und ihn zu nutzen dauert länger.

Ein weiterer Effekt von Gefühlen, der bislang noch nicht thematisiert wurde, bedarf der Erwähnung, da er für die Entwicklung individueller wie sozialer Konflikte eine besondere Bedeutung spielt. Während die bislang dargestellten Emotionen und Handlungsimpulse aktuell, d. h. hier und jetzt, ihre Wirkung entfalten, gibt es noch einen zweiten Aspekt von Gefühlen, der ebenfalls die Sozialdimension betrifft, aber eine Langzeitwirkung hat: Sie lassen soziale Systeme entstehen, und sie sind in der Lage, sie auch wieder aufzulösen.

In der psychologischen Literatur wird von „Bindung“ gesprochen, in Romanen von „Liebe“ und „Leidenschaften“. Menschen entwickeln Gefühle füreinander, Zuneigung, Sympathie, Begehren etc., sodass sie einen gemeinsamen Lebensweg beschreiten oder zumindest mehr Zeit miteinander verbringen, als es ohne diese wechselseitigen Gefühle zu erwarten wäre. Diese unwahrscheinliche Häufung der Interaktion und Kommunikation (von der die Telekomkonzerne leben) ist jedenfalls nicht primär dadurch begründet, dass Sachfragen miteinander ausdiskutiert werden müssen.

Emotionen sind die psychischen Prozesse, die für die Entstehung von Paaren und Familien verantwortlich sind. Auf diese Weise kommt es zur Bildung sozialer Systeme, die durch ihre *Personenorientierung* charakterisiert sind. In ihnen herrscht das Primat der Sozialdimension, da man sich in seinem Handeln vom kommunizierten Erleben und den (zugeschriebenen) psychischen und physischen Bedürfnissen des anderen leiten lässt.

Der Mensch ist ein soziales Wesen, da er bei seiner Geburt nicht allein lebensfähig ist. Die *kleinste Überlebenseinheit* ist deshalb über weite Phasen des menschlichen Lebens nicht das Individuum, der Einzelorganismus, sondern der Organismus in einem ihn am Leben erhaltenden sozialen Kontext. Nur in Symbiose mit sozialen Systemen kann ein Individuum überleben (von Einsiedlern mal abgesehen, die aber auch nicht von Geburt an allein in Höhlen hausen; sogar die mythischen Wolfskinder waren auf ein soziales Gefüge – das Wolfsrudel – angewiesen, um zu überleben).

Aus der Tatsache, dass der Mensch einerseits aufgrund seiner körperlichen Abgetrenntheit als *autonome Einheit* agieren kann, er andererseits aber immer vor der Notwendigkeit steht, sich an soziale Systeme anzupassen, entsteht ein Konfliktpotenzial, das individuell wie kulturell unterschiedlich bewältigt wird.

Dabei bilden die personen- und beziehungsorientierten Systeme wie Paar und Familie das eine Extrem des Spektrums. In ihnen steht die Sozialdimension der Kommunikation im Vordergrund, d. h. die individuellen Bedürfnisse und Befindlichkeiten (psychische und biologische Umwelten) leiten die Entwicklung der sozialen Spielregeln. Am anderen Ende des Spektrums stehen Organisationen, die ein sachliches Ziel verfolgen und in denen deswegen die Sachdimension der Kommunikation im Zweifel Vorrang beansprucht. Hier bestimmen zum großen Teil die sachlichen Zweck-Mittel-Relationen die Selektion der Spielregeln, und die jeweiligen Mitglieder (psychische/biologische Umwelten) müssen dazu passen, d. h. sich und ihr Seelenleben – manchmal auch ihre körperlichen Fähigkeiten – gegebenenfalls anpassen.

Wie der prinzipiell unvermeidbare Konflikt zwischen den Interessen des Individuums und denen des sozialen Systems entschieden wird, wer sich wem mehr anzupassen hat, wie hier die Prioritäten gesetzt werden, hängt davon ab, ob die konkreten sozialen Systeme mehr auf dem einen oder anderen Ende des skizzierten Spektrums zu verorten sind.

Emotionen bilden nicht nur die psychische Voraussetzung für die spontane Bildung sozialer Systeme, sie können auch recht plötzlich zu ihrer Auflösung führen oder verhindern, dass sie überhaupt entstehen. Hass, Abneigung, Antipathie, all dies sind Gefühle, die es wahrscheinlich machen, dass Personen sich aus dem Wege gehen und die Kommunikation abbrechen. Scheidungen sind ein gutes Beispiel dafür, dass Gefühle ihre Vorzeichen ändern können und bindende wie entbindende Wirkungen haben können.

4.3 Ambivalenzen

Da sowohl Denken als auch Fühlen elementarer Bestandteil psychischer Prozesse ist und beide nur unter großen Mühen voneinander isoliert werden können (Menschen, die das schaffen, verdienen sich meist eine psychopathologische Diagnose), kommt es nahezu zwangsläufig zu Konflikten zwischen ihnen. Das Denken *verneint* die Ergebnisse des Fühlens, und das Fühlen *verneint* die Ergebnisse des Denkens.

Dass es auch innerhalb des Denkens allein zu Konflikten kommen kann, sei hier angemerkt. Man ist mit Widersprüchen konfrontiert und quält sich, um sie aus dem Wege zu räumen und logische Konsistenz herzustellen – ein dialektischer Prozess. Wenn das gelingt, so nennt man das meist einen kreativen Akt, die „Aufhebung von Widersprüchen", und viele große Entdeckungen der Menschheit, ja, der gesamte wissenschaftliche Fortschritt verdankt dieser Art von kognitivem Konflikt sein Gedeihen.

Dass es im Fühlen allein zu Konflikten kommen kann, darf bezweifelt werden. Solch eine Behauptung scheint erst einmal merkwürdig, denn schließlich ist ja in unseren Zeiten viel von Ambivalenzen die Rede – und wer kennt sie nicht persönlich? Doch Gefühle sind, wenn sie auftreten, *totalitär*. Man erlebt sie mit dem ganzen

Körper, nicht nur mit einem einzelnen Sinnesorgan („Mein Ohr ist wütend"). Die mit ihnen gekoppelten körperlichen Reaktionen (z. B. die Hormonausschüttung) erfassen den ganzen Körper, der ja auch als Ganzes handlungsfähig wird. Dass wir widersprüchliche Gefühle erleben, ist ein Effekt des Zusammenspiels von Selbstbeobachtung und Gedächtnis. Wir erleben in einem Moment ein Gefühl (Beobachtung 1. Ordnung) und Sekunden oder Stunden später ein gegensätzliches (Beobachtung 1. Ordnung), doch wir erleben immer nur das eine *oder* das andere. Aber wenn wir uns morgen an das Gefühl von heute erinnern und es zu dem aktuellen Gefühl von morgen in Beziehung setzen (Beobachtung der Beobachtungen = Beobachtung 2. Ordnung), so wissen wir, falls diese Gefühle sich gegenseitig negieren, was ambivalentes Erleben ist.

Ambivalenz kann als (Selbst-)Beobachtung der Oszillation zweier sich widersprechender Gefühle definiert werden. Diese Oszillation kann eine schnelle Frequenz haben, sie kann aber auch langsam sein. Zeit verbraucht sie immer, da wir in der aktuellen Gegenwart, diesem Übergang von der Vergangenheit zur Zukunft, immer nur *ein* Gefühl fühlen. Aber das kann schon wieder vorbei sein, ehe wir es recht zur Kenntnis genommen haben …

4.4 Themen

Auch wenn sich seit Freuds Zeiten mit der Veränderung gesellschaftlicher Werte und Konventionen die Inhalte geändert haben, so ist der Widerspruch zwischen individuellen (zum Beispiel, aber nicht nur, körperlichen) Bedürfnissen und sozialen Erwartungen im Prinzip erhalten geblieben und wohl unvermeidlich. Er wird individuell als Konflikt erlebt.

Inhaltlich lassen sich diese Widersprüche in etwa folgendermaßen (ohne Anspruch auf Vollständigkeit) skizzieren:

Sachdimension	p: Differenz Kreativität Risiko Unberechenbarkeit Chaos Lust	q: Gleichheit Normativität Sicherheit Vorhersagbarkeit Ordnung Frust
Sozialdimension	Individuation Autonomie Freiheit Selbstkontrolle Dissens Egoismus Abgrenzung Distanz Antipathie Aggression Individualismus Recht Anarchie Isolation	Symbiose Abhängigkeit Bindung Fremdkontrolle Konsens Altruismus Verschmelzung Nähe Sympathie Harmonie Kollektivismus Pflicht Hierarchie Gemeinschaft
Zeitdimension	Sofortbefriedigung Veränderung Innovation Zukunftsorientierung ...	Triebaufschub Beharrung Tradition Vergangenheits- orientierung ...

Tab.: Beliebte Konfliktstoffe (unverbindliche Auswahl)

Die Liste ließe sich fortsetzen und erhebt keinen Anspruch auf Vollständigkeit. Die genannten Stichworte bezeichnen lediglich einige der *Gegensatzpaare* (die zwei Seiten binärer Unterscheidungen, die sich *aktiv negieren*), die heute oft zu Konflikten führen. Wie sie hier zusammengepackt sind, ist nicht ganz zufällig, da die genannten Begriffe zum Teil synonym verwendet werden oder aber nur als unterschiedliche Aspekte in sich kohärenter Denk- und Gefühlsmuster bzw. der mit ihnen verbundenen Vorstellungen und Ziele zu betrachten sind.

Die aufgeführten Konzepte sind relativ abstrakt und beschreiben keine direkt beobachtbaren Verhaltensweisen. Sie stehen für Bewertungen oder generalisiert: für Werte (um nicht zu sagen: für Ideologien). Welche Selektionswirkung diese Werte in einer konkreten Situation auf die Psychodynamik und das Verhalten eines Menschen haben, ist nicht determiniert. Denn das ist das Schöne (oder auch Schreckliche) an solchen abstrakten Werten: Sie sind vieldeutig interpretierbar, sodass im Einzelfall oft nicht erkennbar ist, ob ein Verhalten aus dem einen oder gar dem anderen – ihn aktiv negierenden – Wert resultiert.

Trotzdem: Wer sich in einem sozialen Kontext verhält, ist ständig mit Dilemmata konfrontiert, wie sie durch die genannten Gegensatzpaare in etwa benannt sind. Dabei muss er sich stets zwischen einander widersprechenden eigenen Wünschen und fremden Erwartungen durchmanövrieren. Dass dabei kulturabhängig mal mehr die Interessen des jeweils übergeordneten sozialen Systems (Familie, Schicht, Staat, Kultur etc.) Priorität gegenüber egozentrischem Begehren und Wollen genießen (z. B. in den eher kollektivistischen Kulturen Asiens), mal mehr das Individuum, sein Eigensinn und seine Freiheit über alles gesetzt wird (wie z. B. in den USA), ändert nichts an der prinzipiellen Gemengelage, dass dem, der gegen die sozialen Spielregeln verstoßt, die Ausgrenzung droht. Wo das jeweilige soziale System die kleinste Überlebenseinheit bildet, ist dies für kein Individuum ohne Angst zu bewältigen.

4.5 Die Selbstorganisation psychischer Konflikte

Das Problem des menschlichen Individuums als handelnder Einheit ist, dass es der Logik seiner physischen Existenz nicht entgehen kann. Denn seine Körperlichkeit hat zur Folge, dass es gnadenlos der zweiwertigen Logik körperlicher Anwesenheit ausgesetzt ist: Als Mensch kann man immer nur zu einem gegebenen Zeitpunkt an einem Ort anwesend sein. Man muss sich – unverhandelbar – mit der Alternative, dass man *entweder* hier *oder* dort sein kann, auseinandersetzen.

Will man an mehreren Orten körperlich anwesend sein, so muss man das nacheinander tun.

Diese Zweiwertigkeit des Entweder-oder hat für die Psyche Bedeutung, weil sie fest an einen menschlichen Körper gekoppelt zu sein scheint (nach allem, was man heute als wissenschaftlich gesichert ansehen kann – Seelenwanderung, Reinkarnation etc. nicht berücksichtigt). Diese Zweiwertigkeit bezieht sich auch auf alle Handlungen, die mit einer Ortsveränderung einer Person verbunden sind. Kompatibel sind alle Verhaltensweisen, die gleichzeitig vollzogen werden können (z. B. reden und stricken). In diesen Fällen braucht nicht entschieden zu werden, es gibt die Sowohl-als-auch-Option. Der potenzielle Konflikt zwischen Reden und Stricken kann also auch im Sinne des Kompromisses („beides") gelöst werden, da hier kein Ausschlussverhältnis zwischen den Verhaltensweisen besteht.

Anders sieht es aus, wenn man nicht bei zwei Verhaltensweisen gleichzeitig anwesend sein kann (z. B. duschen und Fußball spielen). Hier bedarf es der Entscheidung (also entweder *erst* duschen und *dann* auf den Platz, oder *erst* Ball spielen, *dann* unter die Dusche). Hier kann es zum psychischen Konflikt kommen (Zeitdimension).

Ganz generell gilt, dass *ein Konflikt beendet* ist, *wenn er entschieden* ist. Im genannten Beispiel ist das aus dem Verhalten des Betreffenden abzuleiten: Wenn er unter der Dusche steht, nachdem er Fußball gespielt hat, dann hat er sich entschieden (bewusst oder unbewusst – aber das ist letztlich egal). Es mag durchaus der Fall sein, dass er sich nachträglich Vorwürfe macht, nicht zuerst geduscht zu haben, aber das ist dann kein Konflikt, sondern ein Schuldgefühl.

Die Psychodynamik des Konflikts ist also eng an die Herstellung der Entscheidungsfähigkeit bzw. die Notwendigkeit zu entscheiden gebunden. Sie ist von außen nicht beobachtbar, sondern nur aus der Innenperspektive erlebbar. Das macht es schwierig, sie zum Gegenstand wissenschaftlicher Untersuchungen zu machen, denn dem außenstehenden Beobachter ist ja nur das jeweils gewählte Verhalten zugänglich. Wie es motiviert ist und welche Seelenqualen ihm zugrunde liegen, lässt sich nur durch die Bildung von Hypothesen rekonstruieren.

Man mag über die Psychoanalyse viel Kritisches sagen, aber ein unschätzbares Verdienst ist ihr nicht abzusprechen. Durch die Methode der freien Assoziation (bzw. deren Aussprechen in der Sitzung) ist ein Ansatz zur Rekonstruktion individueller Psychodynamik eröffnet worden, wie er sonst nur noch durch systematische Selbstbeobachtung möglich wäre. Dementsprechend beziehen sich m. E. die wichtigsten Erkenntnisse der Psychoanalyse auf die *Beschreibung* psychodynamischer Mechanismen (d. h. nicht unbedingt ihre Erklärung und Bewertung). Diese Mechanismen werden in der entsprechenden Literatur als „Abwehrmechanismen" bezeichnet (ein problematischer, weil erklärender und bewertender, statt nur beschreibender Begriff). Ihre Funktion besteht in der individuellen Bewältigung psychischer Konflikte. Da die Psychoanalyse in ihrer jetzt über hundertjährigen Tradition hier eine sorgfältige Katalogisierung vorgenommen hat, reicht es, diese Mechanismen bzw. ihre Funktionen jeweils in einen systemtheoretisch-konstruktivistischen Kontext zu stellen, um ein ziemlich gutes Bild der psychischen Organisation von Konflikten zu erhalten.

Folgen wir der Logik der Unterscheidungen, die wir bislang verwendet haben, so dienen all diese Mechanismen dazu, ein *logisch konsistentes* und möglichst *widerspruchsfreies Bild des eigenen Selbst*, der eigenen Person, d. h. der handelnden Einheit, die sich „ich" nennt, zu zeichnen. Wenn dies gelingt, dann kann auch – zumindest für die Selbstbeobachtung – widerspruchsfrei gehandelt werden.

Die größte Gefahr von Widersprüchen ergibt sich dabei individuell aus den dargestellten unterschiedlichen Funktionsweisen von Denken und Fühlen. Hier zeigt sich die erste, nahezu universell funktionierende Möglichkeit, psychische Konflikte aktuell, aber auch langfristig zu beseitigen oder ihnen vorzubeugen: (1) die Abspaltung von Gefühlen bzw. der rigorose Versuch zu denken, ohne sich dabei vom eigenen Fühlen beeinflussen zu lassen.

Die konfliktträchtige *Symmetrie* von Fühlen und Denken wird so bewältigt, dass zwischen beidem eine *komplementäre* Über-/Unterordnungsbeziehung etabliert wird. Die diskursive Rationalität erhält den Vorrang vor der emotionalen Rationalität („Intellektualisierung", „Rationalisierung", „Sublimierung", „Affektisolierung" etc.). Solch eine Hierarchisierung funktioniert meist nur durch die mehr oder weniger anstrengende Unterdrückung von Emotionen, aber sie funktioniert. Dem Fühlen wird die Unterordnung unter das Denken und damit eine Art der Sprach- und Machtlosigkeit innerhalb des psychischen Systems verordnet.

Das Gegenstück ist auch zu beobachten, meist aber nur im Rahmen der Begutachtung sogenannter Affekttaten. Die meisten Menschen kennen allerdings Situationen, in denen – wie man so schön sagt – „der Verstand aussetzt“. Man verliert seine intellektuelle Kritikfähigkeit und folgt allein seinen Gefühlen, die ambivalenzfrei und impulsiv bestimmen, was zu tun ist. Dies ereignet sich allerdings meist in ganz spezifischen sozialen Situationen: wenn ein Mann seine Frau während eines Streits im Affekt erschlägt – was wohl nur passiert, wenn er nicht nüchtern überlegt, ob eine Scheidung nicht günstiger wäre. Oder wenn in einer Großveranstaltung, einem Fußballspiel, einem Gottesdienst, einem Reichsparteitag o.Ä. der Einzelne ein ozeanisches Aufgehen in der Masse erfährt, die Kommunion des identischen Erlebens, die kollektive Panik bei einer Katastrophe …

Die einfachste Möglichkeit Widerspruchsfreiheit herzustellen ist, (2) Widersprüchliches nicht wahrzunehmen (zu beschreiben), und dies nicht nur im Blick auf die äußere Realität, sondern auch im Blick auf die eigene Person („Selbst“). Dies kann gelingen, wenn sich die Aufmerksamkeit nur auf das richtet, was konfliktfrei ins eigene Bild passt, und alles andere aus der Wahrnehmung ausgeblendet bleibt. Dazu gehört auch, dass nur erinnert wird, was das Bild bestätigt, und vergessen wird, was es infrage stellen könnte („Verleugnung“, „Vermeidung“, „Verdrängung“ o. Ä.).

Die etwas komplexeren Formen, mit deren Hilfe psychische Konflikte bearbeitet werden, betreffen vor allem (3) die Zuschreibung wahrgenommener Phänomene zur eigenen oder zu anderen Personen („Selbst“/„Objekt“, „Ego“/„Alter Ego“). Dies lässt sich mithilfe des bereits dargestellten Vierfelder-Schemas (Tetralemma) veranschaulichen.

Hier wird die Logik der Innen-außen-Unterscheidung als Grundprinzip jeder Wirklichkeitskonstruktion deutlich. Wo im individuellen Weltbild zwischen der eigenen Person („Ich“, „Selbst“, „Ego“) und einer oder mehreren anderen Personen („Du“/„Ihr“, „Objekt“, „Alter Ego“) unterschieden wird, kann jede Wahrnehmung immer dem eigenen Selbst oder dem/den anderen zugeschrieben werden.

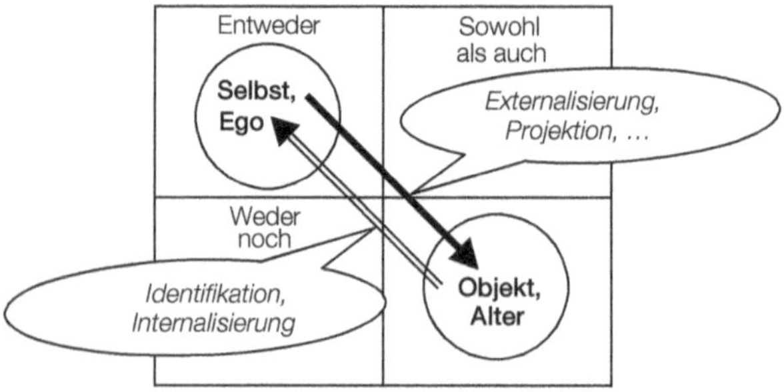

Abb. 6: Psychodynamische Konfliktbereinigung

Das ist natürlich nicht so einfach, wenn es um die Sachdimension geht, weil es schwierig für einen Glatzkopf ist, sich als blonden Lockenkopf zu beschreiben. Aber wo es um die nicht direkt beobachtbaren Motive für Handlungen geht, d. h. ihre Erklärung und damit verbunden um ihre Bewertung, ist es nicht so schwer, sich selbst als den Guten und den anderen als den Bösen zu sehen. Wenn man selbst finstere, nicht wirklich akzeptable Wünsche und Pläne hat, dann hilft es, sie dem anderen zuzuschreiben („Projektion"), und die Berechtigung dafür erhält man, weil man ja weiß, wie Menschen „sind" (schließlich ist man ja sogar selbst auf solche finsteren Ideen gekommen, dann muss der andere erst recht ...).

Auf der anderen Seite bietet es sich an, soziale Konflikte zu vermeiden, indem man „vorauseilend" die von außen gestellten Forderungen und Handlungsanweisungen als die eigenen identifiziert. Wenn man eigentlich selbst will, was der andere will, dann hat man sich nicht untergeordnet, sondern aus eigenen Motiven gehandelt – was gut für den Selbstwert ist (z. B. „Identifikation mit dem Aggressor").

Ohne Anspruch, alle konfliktbeseitigenden psychischen Mechanismen hier aufzuführen, noch ein Blick auf die etwas komplexeren Konstruktionsprozesse, in denen sich das alle verbindende Muster zeigt: die Beseitigung widersprüchlicher Bedeutungsgebungen. Sie alle wirken dadurch, dass Gedanken oder Gefühle, die erlebt werden, obwohl sie nicht kompatibel mit dem idealen Bild des eigenen Selbst sind, so *transformiert* werden, dass sie nicht mehr in Widerspruch zur Selbstbeschreibung (Idealisierung) geraten.

Die unter (3) genannten Mechanismen beruhen darauf, die Innenaußen-Unterscheidung zu manipulieren: Negativ bewertete Phänomene bzw. die sie erklärenden Prozesse werden exportiert, d. h. außen verortet, und positiv bewertete importiert, d. h. innen verortet. Jetzt wird (4) die Grenze nicht gekreuzt, sondern es werden Merkmale, die der Innenseite (dem „Selbst") zugeschrieben werden, umgedeutet und alternativ bewertet. Aus fragwürdigen Motiven werden edle Gründe, aus potenziell „Bösem" wird „Gutes" usw. Das kann etwa dadurch geschehen, dass das Vorzeichen einer Bewertung umgekehrt wird („Verkehrung ins Gegenteil") oder aber dass – magisch – Rituale vollzogen werden, die den Sinn haben, ein Verhalten bzw. dessen Bedeutung ungültig zu machen („Ungeschehenmachen"). Auch der Versuch, Gedanken und Gefühle dadurch in ihrer Wirkung zu neutralisieren, dass versucht wird, genau das Gegenteil zu denken und zu fühlen („Reaktionsbildung"), gehört in diese logische Klasse von Konfliktbewältigungsmethoden.

An dieser Stelle muss noch auf zwei weitere Wege, psychische Konflikte zu lösen, hingewiesen werden: Konflikte können (5) buchstäblich „aufgelöst" werden. Es ist die „schizophrene" Art, sich von nicht erträglichen widersprüchlichen Anforderungen zu befreien: Es wird zurückgegriffen auf eine in der eigenen Entwicklung zurückliegende Stufe der Differenzierung der affektiven und kognitiven Strukturen („Regression"), das heißt, es werden Unterscheidungen verwendet, die so grobkörnig sind, dass keine Widersprüche mehr erlebbar sind. Wenn beispielsweise nicht zwischen „ich" und „wir" unterschieden wird, sondern eine Einheit vorausgesetzt wird (die Grenzen des „Selbst" werden nicht mit denen des Körpers gleichgesetzt), dann kann es auch keine Konflikte geben, die aus den unterschiedlichen Ansprüchen und Notwendigkeiten beider Einheiten entstehen würden. Wer solche (noch) nicht differenzierenden Unterscheidungen verwendet, fällt erfahrungsgemäß aus der Kommunikation, da seine Mitteilungen für andere nicht verstehbar sind (vgl. Jaspers 1937).

Die zweite, den Bereich der Verstehbarkeit verlassende Methode ist, die beiden Seiten der Ambivalenz zeitlich separat zu leben. Es kann als „manisch-depressives" Muster bezeichnet werden. Dabei wird über längere Phasen vollkommen *ambivalenzfrei* nur die eine Seite der Selbstdefinition (aktiv/stark/gut) und im Wechsel, zu anderen Zeiten, nur die andere Seite (passiv/schwach/böse) erlebt und das Verhalten entsprechend gesteuert. Hier werden die dargestellten, an sich ja funktionellen Methoden der Konfliktbereinigung überspitzt und dadurch ad absurdum geführt.

Beide verwendeten Schemata widersprechen den durchschnittlichen Erwartungen in unserem Kulturkreis, sodass die Anschlussfähigkeit der Kommunikation (Verstehbarkeit des Verhaltens) unterbrochen ist. Die betreffenden Personen werden dann als „psychisch krank" diagnostiziert, das heißt, ihr Verhalten wird nicht als Handlung definiert und durch persönliche Motive erklärt. Und damit verliert es auch seine Relevanz als potenzieller Auslöser interpersoneller Konflikte. Doch dies ist ein Spezialthema – *Psychosetheorie* –, deshalb soll es bei diesem Hinweis bleiben (der näher Interessierte sei hier verwiesen auf Simon 1988, 1990).

Nach der psychoanalytischen Theorie werden „Abwehrprozesse" meist als unbewusst unterstellt, und ihre Funktion wird darin gesehen, die Integrität der Ich-Organisation zu bewahren. Ob derartige Transformationen nun bewusst oder unbewusst ablaufen, spielt im Prinzip keine Rolle. Aus systemisch-konstruktivistischer Sicht erscheint es am nützlichsten, sie als Ergebnis eines Selbstorganisationsprozesses zu betrachten, der – wenigstens zum Teil – bewusstseinsfähig oder gar bewusstseinsnah abläuft. Er muss aber genauso wenig wie die beim Sprechen angewandte Grammatik ins Bewusstsein treten, um wirksam zu werden. Es erscheint jedenfalls wenig sinnvoll, hier ein gezielt planendes und konstruierendes Subjekt zu unterstellen. Psychische Systeme sind den generellen Regeln der Konstruktion und Zuweisung von Sinn unterworfen, und die implizieren eben gewisse logische Konsistenzanforderungen, was die Bereinigung kognitiver Dissonanzen zur Folge hat. Ein Aspekt der „Landkarte", nicht der „Landschaft", denn Lebensprozesse sind nicht widerspruchsfrei.

Ihre Funktion erfüllen solche inneren Landkarten aber – wie andere Landkarten auch – gerade durch den Unterschied zur Landschaft: Sie stellen für die Einheit aus Körper und Psyche ein konsistentes Weltbild und damit Handlungsfähigkeit her. Denn, wenn die Widersprüche – der Konflikt – beseitigt sind, *ist* entschieden. Wenn nicht, dann geht die zeitaufwendige Oszillation zwischen den sich gegenseitig negierenden Seiten der Unterscheidung weiter, die Situation bleibt unentschieden, die Zeit bleibt gewissermaßen stehen.

Nehmen wir als Beispiel noch einmal die Weggabelung, an der entweder rechts oder links weitergegangen werden kann. Es zeigt sehr deutlich, dass durch den Konflikt die Kette der Handlungen unterbrochen wird und „es“ nicht weitergeht (Abb. 7):

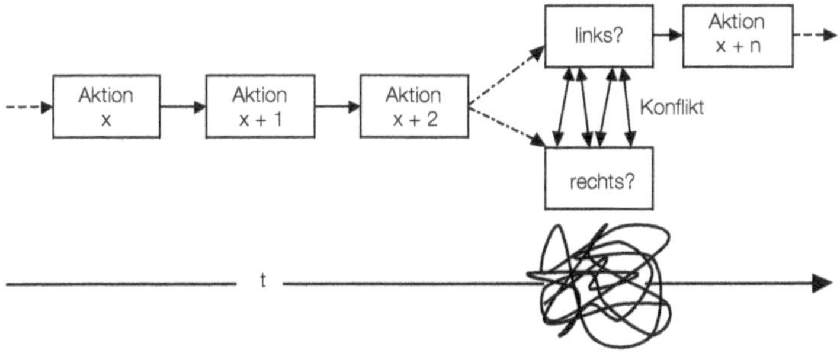

Abb. 7: Unentschiedenheit/Oszillation/Zeitverbrauch

Entscheidungen sind Augenblicksereignisse, auch wenn sie längerfristige Wirkungen haben, weil sie wie Weichenstellungen wirken (Bifurkationen). Wann immer es um Entscheidungen geht, welche die Zukunft betreffen, gibt es kein Verfahren, um zu berechnen, welche Alternative die „richtige“ ist. Um es mit den Worten Heinz von Foersters zu sagen: Nur „unentscheidbare Fragen“ können und müssen entschieden werden (von Foerster 1988). Alle entscheidbaren Fragen könnte man auch von einem Computer berechnen lassen. Deshalb ist Ambivalenz der angemessene und rationale Zustand eines Menschen, der mit der Notwendigkeit zu entscheiden konfrontiert ist.

Wenn wir die oben zitierten, unter p und q aufgeführten Konfliktthemen als Beispiel nehmen, so ist klar, dass langfristig jede dauerhafte Entscheidung für die jeweils aufgeführten Positionen auf der p-Seite und gegen die q-Seite oder umgekehrt für q und gegen p problematisch ist: Was richtig ist, ist falsch, und was falsch ist, ist richtig. Es ist eine pragmatische Paradoxie (vgl. Watzlawick et al. 1967, S. 174), in der sich jeder befindet. Der Umgang mit solchen Paradoxien (= *Unentscheidbarkeiten*) erfordert, sie zu entfalten statt sie zu entscheiden, d. h. sie dauerhaft *unentschieden* zu lassen, und nur aktuell (oder bestenfalls phasenweise) die eine oder andere Seite zu bevorzugen, um die Handlungsfähigkeit nicht zu verlieren.

Wer sich in unserem Katalog für die p-Seite, die das Individuum zum Maß aller Dinge macht, entscheidet und sein Handeln *dauerhaft* allein an den eigenen Interessen orientiert, hat gute Chancen, als „Soziopath" diagnostiziert zu werden. Und seine Verhaltensweisen werden wahrscheinlich früher oder später als „delinquent" bewertet. Wer sich hingegen allein an der q-Seite orientiert, d. h. die Gemeinschaft über alles stellt und seine eigenen Bedürfnisse dauerhaft zurücknimmt, der dürfte von Psychosomatik-Experten als „Normopath" diagnostiziert werden. Und aller Wahrscheinlichkeit landet er oder sie bei solch einem Spezialisten, weil sie oder er aufgrund psychosomatischer Symptome eine Therapie braucht.

Ambivalenzfreiheit ist ein Zustand des Menschen, der angesichts der Paradoxien, in die er verstrickt ist, nur begrenzt mit seiner körperlichen Gesundheit und seiner sozialen Unauffälligkeit vereinbar ist. Das psychische System hat existenziell die widersprüchlichen Anforderungen von Organismus und Gesellschaft zu balancieren. Sich dauerhaft für eine dieser beiden relevanten Umwelten bzw. deren Entscheidungskriterien zu entscheiden, hat einen Preis, und der besteht meist in Symptombildung …

5 Soziale Konflikte

5.1 *Kurzzeit-Konflikte*

Die Metaphorik, mit deren Hilfe soziale Konflikte alltäglich beschrieben werden, ist feurig. Sie „entflammen“, „flackern auf“, sind „heiß“, und manchmal werden „Konfliktherde“ auch „gelöscht“. Diese Bilder stehen nicht nur für das Erleben und die Emotionen der Antagonisten, die gegenseitig ihr Blut zum Wallen bringen (was ja meist mit Hitzewellen verbunden ist), sondern sie zeigen implizit auch, dass soziale Konflikte nur dann erhalten bleiben, wenn das „Feuer“ weiter „Nahrung“ erhält.

Das scheint der Theorie, Konflikte seien als sich selbst erhaltende, autopoietische Systeme zu verstehen, zu widersprechen. Aber das ist nicht der Fall. Denn dem Bild des Feuers, bei dem immer wieder Brennstoff nachgelegt werden muss, damit es nicht erlischt, entspricht, dass der Konflikt als autopoietisches System immer wieder der *kommunizierten* Negation von Negation bedarf, um weiter zu existieren. Wenn diese Art der Operation endet, endet auch der Konflikt. Um zum autopoietischen Dauerbrenner zu werden, braucht der Konflikt Teilnehmer (= psychische Umwelten), die bereit sind, ihn *aktiv* aufrechtzuerhalten.

„Stell dir vor, es ist Krieg, und keiner geht hin!“, konnte man zu Zeiten der Friedensbewegung in den 70er-Jahren des vorigen Jahrhunderts an Mauerwände gesprayt lesen. Und das ist genau der Mechanismus, der alle Konflikte beendet: Sie werden einfach nicht mehr weiter am Leben erhalten, man wird ihrer müde, sie langweilen, man lässt das Feuer ausgehen.

So kommt es, dass nur ein Bruchteil der Chancen, einen Konflikt vom Zaune zu brechen, tatsächlich genutzt wird. Zwei Personen, die eine gute und tragfähige Beziehung zueinander haben, können sich über eine Sachfrage nicht einigen ... Ein kurzer Konflikt flammt auf. Doch beide lenken relativ schnell ein, um die Beziehung nicht zu gefährden bzw. die Frage der Beziehungsdefinition nicht zum Thema zu machen. Mal gibt der eine nach, mal der andere, sodass die Bilanz für beide ausgeglichen ist – wenn die Beziehung der beiden symmetrisch ist. Oder es gibt immer der eine nach und nie der andere – auch das ist kein Problem, wenn beide sich einig über die Asymmetrie ihrer Beziehung sind. Oder aber, ein dritter, eleganter und gern genutzter Weg, die Beziehung zu schützen: Man vermeidet das potenziell konfliktträchtige Sachthema. Es kommt zu keinem offenen Konflikt, weil die Beteiligten gegenseitig ihre Positionen zwar passiv negieren, aber ihren Widerspruch nicht äußern. In der Literatur wird hier auch von einem „kalten Konflikt" gesprochen (Glasl 2010, S. 65).

Wenn man zwischen psychischen und sozialen Konflikten unterscheidet, so kommt es in solch einem Fall aber gar nicht zum sozialen Konflikt, d. h. zu einer Kommunikation der Verneinung von Verneinung. Auf Ebene der psychischen Systeme mag sich ein Konfliktpotenzial aufbauen (Unzufriedenheit, Rabattmarkensammeln, offene Rechnungen bilanzieren etc.), das bei passender Gelegenheit dann zum Ausbrechen eines „heißen", offenen Konflikts führen kann. Denn nun werden die alten, nicht ausgetragenen Meinungsverschiedenheiten wieder ins Gedächtnis gerufen („gegenwärtige Vergangenheit"), um aktuell als Munition in der Auseinandersetzung genutzt werden zu können.

Doch das Gegenteil ist öfter der Fall: Die konfliktträchtigen Themen werden vergessen. Entweder weil die Wichtigkeit der Beziehung zu groß ist oder die Wahrscheinlichkeit, sich durchzusetzen, als niedrig bewertet wird. Aus den Augen, aus dem Sinn. Auf diese Weise wird – bewusst oder unbewusst – die bestehende soziale Struktur geschützt. Sozialdimension geht vor Sachdimension.

Solche konfliktträchtigen Themen können auch deswegen aus dem Fokus der Aufmerksamkeit rutschen, weil die Zeit drängt oder gerade andere Prioritäten gesetzt werden. Aufflackernde Konflikte verglimmen dann und haben keine langfristige Wirkung. Auch für sie gilt: *Alles, was nicht erinnert wird, ist vergessen ...*

Das ist aber meist nur bei Sachkonflikten der Fall. Denn wenn es um Beziehungskonflikte geht, die Beziehung der Beteiligten weiterbesteht und man sich nicht aus dem Wege gehen kann, dann sind solche kurz aufflammenden Konfliktsituationen meist Vorboten größerer und tiefer gehender, die Beziehung oder zumindest die aktuelle Beziehungsdefinition infrage stellender Konflikte. Denn *alles, was nicht vergessen ist, wird erinnert …*

5.2 Kollusion

Es gibt soziale Systeme, deren Spielregeln sich um ein sachliches Ziel herum organisieren. So kann die Rationalität von Organisationen, deren Aufgabe Produktion und Vertrieb von Waren ist, daran gemessen werden, wie gut, schnell, kostengünstig etc. diese Erzeugnisse angefertigt und auf den Markt gebracht werden. Wenn zur Herstellung leibhaftige Menschen benötigt werden, so sind deren Körper sowie ihre psychischen Systeme als *relevante Umwelten* des sozialen Systems Firma XY zu sehen. Das heißt, die dort ablaufenden Prozesse müssen mit den Möglichkeiten und Bedürfnissen der beteiligten Menschen *kompatibel* sein, aber sie werden nicht primär durch sie definiert, sondern durch die sachlichen Zwecke und Ziele der Organisation (zumindest im Idealfall).

Diesen sachorientierten sozialen Systemen stehen die Systeme gegenüber, die ihre Funktionen aus den Bedürfnissen ihrer Mitglieder (d. h. der biologischen und psychischen Umwelten) gewinnen. Musterbeispiel dafür ist die Paarbeziehung heute, die sich aufgrund gegenseitiger Gefühle bildet. Wenn zwei Menschen sich gegenseitig attraktiv finden und zusammenleben, so entwickeln sich Spielregeln der Kommunikation und Interaktion, deren Rationalität sich daran messen lässt, ob sie den physischen und psychischen Bedürfnissen der Beteiligten gerecht wird.

Ohne hier auch nur den Ansatz einer Theorie der Attraktivität entwickeln zu wollen, soll ein Spezialfall der Partnerwahl exemplarisch betrachtet werden, da er häufig zu interpersonellen Konflikten führt. Er hat mit den im vorigen Kapitel dargestellten Mechanismen der psychischen Konfliktbeseitigung zu tun.

Nehmen wir ein Beispiel: Ein Individuum (A) hat seine Ambivalenz zwischen Autonomie- und Abhängigkeitswünschen bzw. Nähe- und Distanzbedürfnissen in der Weise bewältigt, dass es die Autonomie-/Distanzseite lebt. Es signalisiert durch sein Verhalten jedermann und jederfrau, dass es niemanden braucht. Dem steht ein Erleben gegenüber, das einerseits von der Sehnsucht nach Nähe und Geborgenheit, andererseits von der Angst davor (= drohender Autonomieverlust) geprägt ist. Daher drücken sich die Nähewünsche nicht im Verhalten der betreffenden Person aus. Ihr Image ist das des Einzelgängers, des „einsamen Wolfs".

Sie trifft auf einen anderen Menschen (B), der die Ambivalenz zwischen Autonomie und Abhängigkeit bzw. den damit verbundenen Ängsten auf die Weise bewältigt hat, dass die eigenen Autonomiewünsche ausgeblendet und unter Kontrolle gehalten werden. Diese Person zeigt – ganz ambivalenzfrei – ihre Fähigkeit, Nähe herzustellen und auszuhalten. Doch da solch ein Verhalten meist auch mit viel Rücksicht auf und Verantwortung für andere verbunden ist, steht dieser „Beziehungsfähigkeit" der heimliche Wunsch nach Unabhängigkeit gegenüber.

Wenn nun A und B aufeinandertreffen, dann ist B für A gerade deswegen attraktiv, weil er oder sie die Nähe verspricht, die so lang schon gesucht wird (wenn auch nur heimlich). Und A ist für B interessant, weil er oder sie eine Beziehung ohne Verpflichtung verspricht, denn er/sie signalisiert ja Unabhängigkeit ... So zeigt jeder dem anderen genau das Verhalten, was dieser selbst nicht realisiert. Dem Autonomen (A) wird vom Abhängigen (B) kompensatorisch Nähe versprochen, dem seinerseits kompensatorisch Distanz und die Freiheit von Abhängigkeit versprochen werden.

Beide versprechen sich gegenseitig die interpersonelle Lösung ihres psychischen Konflikts, da sie sich einen Partner gesucht haben, der jeweils die Seite der Ambivalenz realisiert, zu der sie selbst nicht willig oder fähig sind. Dieser Typ der Partnerwahl ist von Dicks und später von Willi als Kollusion (lat. *Zusammenspiel*) bezeichnet worden (Dicks 1967; Willi 1975).

Es handelt sich um eine Form der Arbeitsteilung, gegen die im Prinzip nichts einzuwenden ist. Schließlich beruhen alle größeren sozialen Systeme zu einem guten Teil darauf, dass konflikthafte oder gar paradoxe, sich gegenseitig ausschließende Aufgaben auf gegensätzliche Rollen verteilt werden. Sie erlauben es dem Rollenträger jeweils, sich ambivalenzfrei und parteilich zu verhalten. Allerdings wird der Begriff Kollusion im Englischen in erster Linie für ein betrügerisches Zusammenspiel verwendet, das heißt, die Schöpfer dieses Konzeptes verbinden damit eine pathologisierende Bewertung. Sie stammt aus der Erfahrung, dass diese Art der psychischen Arbeitsteilung oft zu starken Konflikten führt.

Es kommt zum offenen Streit, weil beide Partner vom anderen früher oder später genau das Verhalten einklagen, von dem dieser sich durch die Partnerschaft befreien wollte. Von demjenigen, der Nähe „versprochen" und sich Autonomie erhofft hat, wird Nähe gefordert. Und demjenigen, der Autonomie „versprochen" und Nähe erhofft hat, werden alle Wünsche nach einer engen, kuscheligen symbiotischen Beziehung verweigert. Das Versprechen der Übernahme kompensatorischer Aufgaben für die jeweils nicht gelebte Seite der eigenen Ambivalenz in einer komplementären Beziehung bleibt unerfüllt. Im schlimmsten Fall kann es dann zur Eskalation der Forderungen aneinander, gefälligst „anders zu sein", kommen. Was die Beziehung gestiftet hat, bringt sie dann auch wieder auseinander ...

Es kann aber auch alles ganz friedlich funktionieren, wenn jeder die Verantwortung für die Realisierung „seiner" Seite der Ambivalenz übernimmt. Einer sorgt für Nähe, der andere für Distanz. Auf diese Weise ist beiden geholfen, indem jeder das macht, was er besonders gut kann.

Dieser kollusive Aspekt ist auch bei vielen Berufswahlen zu sehen: So wird mancher Polizist, weil er so seine kriminelle Energie kanalisieren kann, Psychiater machen aus ihrer Angst vor dem Verrücktwerden eine Profession, und dass Feuerwehrleute immer mal wieder Feuer legen, ist auch bekannt. Und wahrscheinlich sind Polizisten, Psychiater und Feuerwehrleute tatsächlich erfolgreicher, wenn sie aus eigenem Erleben wissen oder ahnen, wie Trickbetrüger, Psychotiker und Brandstifter denken oder fühlen.

Bei sozialen Systemen wie Paaren oder Familien, die personenorientiert sind, sind die psychischen Konstellationen der Beteiligten, ihre individuellen Mechanismen der Konfliktbearbeitung, bestimmend für die Gestaltung der Spielregeln der Interaktion und mit ihnen auch für die Wahrscheinlichkeit interpersoneller Konflikte.

Generell muss davon ausgegangen werden, dass die ambivalenzfreie (Selbst- oder Fremd-)Zuschreibung von Eigenschaften zu Individuen („Charakter", „Persönlichkeit") immer falsch ist. Denn es geht nie um einfache, isolierte Adjektive (*entweder* autonom *oder* abhängig), sondern immer um *bipolare* Differenzierungen. Wer sich durch eine Eigenschaft definieren will, dem hilft der Blick auf die Außenseite der Unterscheidung – entweder als Element seines eigenen Fühlens und Denkens oder repräsentiert durch einen Kommunikationspartner, gegen den er sich abgrenzen kann. Wer weiß, wogegen er ist (aktive Negation), findet auch heraus, wofür er ist.

Das gilt aber nicht nur für individuelle Charaktere, sondern auch für die Eigenschaften größerer sozialer Einheiten:

> „Wir haben unsere Ausrüstung um ein sehr wichtiges Hilfsmittel erweitert – die Technik, den gemeinsamen Charakter von Individuen (oder den ‚höchsten gemeinsamen Faktor' des Charakters) in einer menschlichen Gemeinschaft mithilfe bipolarer Adjektive zu beschreiben. Anstatt an der Tatsache, dass Nationen hoch differenziert sind, zu verzweifeln, werden wir die Dimensionen dieser Differenzierung als Schlüssel zum Nationalcharakter verwenden. Nicht mehr gewillt zu sagen ‚Die Deutschen sind unterwürfig' oder ‚Die Engländer sind distanziert', werden wir Ausdrücke wie ‚herrschend-unterwürfig' verwenden, wenn wir Beziehungen dieser Art nachweisen können" (Bateson 1942, S. 141).

Wo immer Unterscheidungen vollzogen werden, gilt es, die Außenseite immer mit im Fokus der Aufmerksamkeit zu behalten, weil aus dem Verhältnis der beiden Seiten zueinander (gegenseitige Negation) *jedes* Konfliktpotenzial erwächst. Wo „herrschend-unterwürfig" die Unterscheidung ist, wird wahrscheinlich irgendwann der Zeitpunkt kommen, wo die Unterwürfigen herrschen wollen, aber die Herrschenden nicht bereit sind, sich unterwürfig zu zeigen.

5.3 Strukturelle Konflikte

Es gibt eine weitere Form der Arbeitsteilung, die vorhersehbar und unvermeidbar mit Konflikten verbunden ist: die Bildung von sozialen Strukturen, zum Beispiel in Organisationen. Denn einer der evolutionären Vorteile von sozialen Systemen als handelnden Einheiten (sei es eine Paarbeziehung, eine Organisation oder ein Staat) ist, dass sie nicht den logischen Beschränkungen, die vom menschlichen Organismus als handelnder Einheit ausgehen, unterworfen sind. Ein Unternehmen kann eine Vielzahl von Mitarbeitern und Angestellten haben, die – jeder für sich – höchst unterschiedliche, ja, widersprüchliche und logisch nicht miteinander kompatible Operationen vollziehen:

Einer ist im Verkauf tätig, während der andere zur selben Zeit in der Produktion beschäftigt ist und ein Dritter sich der Entwicklung neuer Produkte widmet usw.

Paradoxe Handlungsaufforderungen, denen solch ein Unternehmen ausgesetzt ist, brauchen nicht entschieden zu werden, denn durch die Bildung von Untereinheiten, die jede für sich ambivalenz- und widerspruchsfrei agieren kann, wird die Entscheidung *für* die eine und *gegen* die andere der sich ausschließenden Aufgaben überflüssig. Es kann beides *gleichzeitig* realisiert werden.

Während ein Individuum widersprüchliche Handlungsanforderungen, mit denen es konfrontiert ist, als Hin- und Hergerissensein erlebt, zeigen sich analoge innere Konflikte in der Kommunikation von Organisationen. Es kommt aber nicht zu psychischen Konflikten, sondern zum sozialen Konflikt zwischen den Untereinheiten, die den widersprüchlichen Zielen verpflichtet sind (Produktion vs. Entwicklung, Verkauf vs. Produktion etc.) bzw. deren Repräsentanten.

Diese Konflikte können ziemlich heiß werden, wenn die Beteiligten sich nicht darüber im Klaren sind, dass sie strukturell vorgegeben sind. Sie identifizieren sich dann mit ihrer Spezialaufgabe, ohne zu bemerken, dass sie nur ambivalenzfrei handeln können, weil ihre Kollegen von der oppositionellen Abteilung den Gegenpart übernehmen. Dies lässt sich am Beispiel des Gegensatzes zwischen dem Wachpersonal und den für die Resozialisierung der Probanden zuständigen Psychologen in Strafvollzugsanstalten illustrieren: Die Psychologen könnten, beispielsweise, nicht professionell ihrer „verstehenden“ Rolle und eher „therapeutischen“ Funktion in der Arbeit mit Straftätern nachgehen, wenn es nicht Rollen und Personen gäbe, die für die Sicherheit der Öffentlichkeit die Verantwortung übernehmen würden. Und umgekehrt könnte das Wachpersonal sich nicht damit begnügen, Täter einfach wegzusperren, weil die Öffentlichkeit vom Strafvollzug eben auch Resozialisierungsbemühungen erwartet. So liefert jede Berufsgruppe die Voraussetzung dafür, dass die andere sich auf ihren Job konzentrieren kann, ohne stets die Gegenseite der ambivalenten Gesamtaufgabe der Institution Strafvollzug mitdenken zu müssen. Statt des je individuellen (psychischen) Konflikts wird tendenziell ein (sozialer) Dauerkonflikt über die Entscheidungen, die den einzelnen Straftäter betreffen, zwischen den Funktionsträgern etabliert.

Die organisationale Form der Arbeitsteilung unterscheidet sich von der Kollusion vor allem dadurch, dass hier psychische Konfliktfreiheit (Spezialistentum) Folge und nicht Zweck der Funktionsaufteilung ist. Die Spielregeln der Kommunikation mit ihrer Differenzierung von Rollen und Funktionen dienen der Erledigung einer Sachaufgabe, und dabei mag es nützlich sein (Nebenwirkung), wenn Individuen klare Ziele haben, die sie frei von psychischen Konflikten verfolgen können. Bei der Kollusion ist es umgekehrt: Hier entwickeln sich soziale Spielregeln, deren primäre Funktion (Hauptwirkung) es ist, psychische Konfliktfreiheit herbeizuführen.

Analoges kann aber auch in der Organisation geschehen, wenn die Beteiligten die Konflikte nicht mehr auf der Sachebene verhandeln, sondern „persönlich" nehmen. Denn dann geht es irgendwann nicht mehr um das Finden rationaler (= angemessener) Sachentscheidungen, sondern um die Sozialdimension, d. h. die Frage, wer gewinnt.

Dem institutionalisierten, strukturellen Konflikt wird in Organisationen meist durch eine institutionalisierte Form der Konfliktlösung begegnet: die Etablierung hierarchischer Strukturen. Der symmetrischen Struktur der im Konflikt stehenden Akteure (Rollen, Funktionen, Organisationseinheiten, Personen etc.) ist komplementär ein Akteur (sei es ein Einzelner oder eine größere soziale Einheit wie etwa ein Leitungsteam) übergeordnet, der formal über Entscheidungsmacht verfügt. Aufgabe dieser „höheren Macht" ist nicht nur generell, die Koordination der widersprüchlichen Funktionen zu sichern, sondern auch zu gewährleisten, dass die Handlungsfähigkeit der von ihm geleiteten Organisation oder Organisationseinheit erhalten bleibt, d. h. Entscheidungen getroffen werden. Wenn also die sich symmetrisch streitenden Akteure auf der Sachebene zu keiner tragfähigen Lösung gelangen, dann wird sich die hierarchisch übergeordnete Stelle einmischen und ihre Macht nutzen, um den Konflikt zu beenden (zumindest sollte sie das). Allerdings reicht meist schon die Tatsache, dass sie das könnte, um die Motivation zur Einigung bei den Konfliktparteien deutlich zu steigern …

Hierarchiebildung hat das Potenzial, Konflikte zu verhindern und/oder zu beseitigen – und so sollte sie genutzt werden. (Bevor es so weit ist, kann sie allerdings zum Konflikt um die hierarchische Position führen.)

5.4 Der Beginn von Konflikten – Die Störung der expressiven Ordnung

Untersucht man die unmittelbare Zeit vor dem Beginn eines offenen Konflikts, so zeigt sich ein charakteristisches Kommunikationsmuster, das stets mit einer impliziten oder expliziten Infragestellung der bis dahin als selbstverständlich angesehenen Beziehungsdefinition verbunden ist: (1) Ein Akteur fühlt sich durch das Verhalten eines anderen in irgendeiner Weise beeinträchtigt; (2) er signalisiert, dass er dies nicht unbeantwortet akzeptiert, und (3) fordert Genugtuung. Erhält er (4 a) eine ihn befriedigende Antwort, so ist die Rückkehr zur alten Ordnung gewährleistet. Erhält er sie nicht, so kommt es (4 b) meist zunächst zu einer Drohung, um der Forderung nach Ausgleich Nachdruck zu verleihen. Wird auch darauf nicht in der gewünschten Form geantwortet, so führt dies (5) zu Eskalationsschritten auf beiden Seiten und schließlich (6) zur Anwendung von Gewalt.

In der Alltagskommunikation kann solch ein kritischer Vorfall etwa in der Kränkung, Beleidigung oder Ehrverletzung eines anderen bestehen. Erving Goffman, der das skizzierte Wechselspiel beschrieben hat, nennt dies einen Verstoß gegen die „expressive Ordnung“ (Goffman 1967, S. 24 ff.).

Man sagt seinen Mitmenschen nicht, was man über sie denkt und fühlt – zumindest nicht alles. Man behelligt andere nicht mit seinen Grübeleien, Seelenqualen und Problemen, es sei denn, sie werden dafür bezahlt (Psychotherapeuten, Seelsorger etc.) oder man hat eine intime, familiäre Beziehung zu ihnen. In der Familie gilt nicht die gleiche expressive Ordnung wie in der umgebenden Gesellschaft. Ohne expressive (Selbst-)Beschränkungen der Individuen wäre es kaum möglich, eine sachorientierte Kommunikation innerhalb von aufgabenorientierten Organisationen zu etablieren und aufrechtzuerhalten. All die Aspekte des individuellen Erlebens, die nicht ohne die Sachorientierung zu stören bei der Kommunikation mitlaufen können, müssen unausgesprochen und unthematisiert bleiben. Wer Wut auf seinen Chef hat, muss dem Impuls ihn zu verhauen widerstehen und auf den Ausdruck seiner Gefühle verzichten können.

Solche expressiven Ordnungen bilden die Grundlage für eine berechenbare Kommunikation in gesellschaftlichen Bereichen, in denen *nicht verrechtlicht* ist, was erlaubt, verboten oder vorgeschrieben ist. Sie werden nicht durch ein Gewaltmonopol durchgesetzt, sondern durch die Drohung von Missachtung und Ausgrenzung bzw. das Versprechen von Achtung und Zugehörigkeit. Die Regeln für Achtung und Missachtung definieren dabei die Innen-außen-Grenzen des Dazugehörens. Die expressive Ordnung kann längerfristig nur dann aufrechterhalten werden, wenn die Mitglieder einer Gruppe nicht nur Selbstachtung zeigen, sondern auch ein bestimmtes Maß an Rücksichtnahme auf die Selbstachtung der anderen. Wenn man in Frieden miteinander leben will, so muss man nicht nur das eigene Image, das öffentliche Bild der eigenen Person, sondern auch das der anderen und ihre damit verbundenen *Gefühle* schützen. Dazu bedarf es der Fähigkeit, sich mit seinem Gegenüber identifizieren zu können und eine Ahnung davon zu haben, wie er erlebt.

Die so entstehende und aufrechterhaltene Ordnung ist kein Gesetzeswerk, das in Schriften formalisiert niedergelegt wäre. Sie wird implizit als eine der kulturellen Besonderheiten eines sozialen Systems vermittelt und hat weitreichende soziale Funktionen. Zum einen hilft sie, Konflikte zu vermeiden, zum anderen aber führt sie, wenn gegen sie verstoßen wird, zu Konflikten. Sie definiert die Bandbreite zivilisierten oder kultivierten Verhaltens, da sie Leitlinien für die Kopplung psychischer und sozialer Ereignisse liefert. Welche Art von Ausdrucksverhalten ist gefordert, welche ist erlaubt, welche gerade noch toleriert, und welche führt vorhersehbar zu Konflikten?

Das Beispiel der Beleidigung oder Kränkung scheint hier aus einer konflikttheoretischen Sicht von besonderem Interesse. Der Akt der Kränkung, ein nicht erwartetes, grenzüberschreitendes Verhalten, impliziert ein Beziehungsangebot im Sinne von: „Ich kann mir das herausnehmen!“ Einer der Interaktionsteilnehmer reklamiert für sich einen bestimmten Freiraum. Wenn seine Interaktions- oder Kommunikationspartner sich dadurch gestört fühlen, so stehen sie vor der Frage, ob sie ihm die Grenzen seiner Freiheit zeigen oder nicht. Im zweiten Fall akzeptieren sie stillschweigend seine Grenzverletzung,

d. h. seinen Anspruch, in der Beziehung so agieren zu können, dass seine Freiheit nicht eingeschränkt wird (also auch dann, wenn es die anderen kränkt, verletzt usw.). Signalisiert der Gekränkte aber, dass er nicht bereit ist, die Angelegenheit auf sich beruhen zu lassen, so steht der Beleidiger vor der Frage, ob er einen Konflikt wagen will. Ist dies nicht der Fall, so wird er sich „in aller Form" entschuldigen und deutlich machen, dass er dies nicht nur der Form halber tut (umgangssprachlich: „Er macht einen Rückzieher"). Scheut er den Konflikt nicht oder will er ihn gar, so wird er keine beschwichtigenden Gesten aussenden, sondern möglicherweise noch eins „draufsatteln". Er verstärkt die Kränkung und beträgt sich noch ungehöriger. Aber auch schon dann, wenn er die Herausforderung einfach nicht zur Kenntnis nimmt, eskaliert er. Sein Gegenüber steht nämlich erneut vor der Frage, ob er die Situation und die damit verbundene, implizite Beziehungsdefinition zwischen ihm und dem Beleidiger akzeptiert oder ob er seinerseits die Herausforderung verstärkt.

In einer anderen, ebenfalls von Goffman vorgeschlagenen Terminologie kann auch gesagt werden, dass seine Reaktion von seinem „Image" bzw. dem von ihm angestrebten Image abhängt. Seine Wahl hat aber nicht nur Auswirkungen darauf, sondern auch (und vor allem) auf die Beziehungsdefinition zwischen ihm und seinem Gegenüber – und damit auf die Spielregeln künftiger Interaktionen und Kommunikationen innerhalb des jeweiligen sozialen Kontextes. Denn dieses Image, die Achtung und Missachtung, das Ansehen, der Ruf, die Reputation und Ehre, die ihm gewährt werden – oder allgemeiner formuliert: der soziale Status, den er erhält –, hängen davon ab, was er sich zumuten lässt und was nicht. Will er die Grenzen dessen, was man ihm zumuten kann, und seinen Status schützen, so muss er reagieren. Die Grenzüberschreitung muss korrigiert werden.

Das Auftreten derartiger, die expressive Ordnung verletzender Ereignisse nennt Goffman „Zwischenfall". Um seine Wirkung zu neutralisieren, bedarf es eines korrigierenden Prozesses, der alle Merkmale eines Rituals aufweist:

> „Zu diesem Zeitpunkt befinden sich ein oder mehrere Beteiligte in einem Zustand rituellen Ungleichgewichts oder einem Zustand der Missachtung. Und es muss nun der Versuch gemacht werden, einen

> befriedigenden rituellen Status wiederherzustellen. Ich verwende den Terminus *Ritual*, weil ich mich auf Handlungen beziehe, durch deren symbolische Komponente der Handelnde zeigt, wie achtenswert er ist oder für wie achtenswert er die anderen hält. Das Bild des Gleichgewichts ist hier angemessen, wie Dauer und Intensität der korrektiven Anstrengung genau auf die Hartnäckigkeit und Intensität der Bedrohung abgestimmt sind. Das Image eines Menschen ist etwas Heiliges und die zu seiner Erhaltung erforderliche expressive Ordnung deswegen etwas Rituelles“ (Goffman 1967, S. 24 f.).

So dienen Eskalationsschritte meist dazu, Ausgleichshandlungen der Gegenseite (Demutsgesten) zu motivieren. Es ist der Versuch, eine rituelle Ordnung durch Zwangsmittel (wieder)herzustellen. Ein Akteur (Person, Gruppe, Organisation, Unternehmen, Nation o. Ä.) hat die Grenzen des Erlaubten überschritten. Er wird zur Ordnung gerufen, ihm wird gedroht. Wenn er nicht in der geforderten Weise reagiert, erfolgt eine Strafaktion. Sie *muss* erfolgen (Selbstbindung), wenn die Drohung nicht als Bluff entlarvt werden soll.

Ausgleichshandlungen können auch im Sinne von *Zahlungen* verstanden werden, mit denen entsprechende *Forderungen* glattgestellt werden. Jemand hat eine vermeintliche oder wirkliche Schuld auf sich genommen, und wenn er sich nicht entschuldigt, dann wird ihm heimgezahlt. Wenn er mehr heimgezahlt bekommt, als ihm angemessen erscheint, hat er nun seinerseits eine Rechnung offen, die er einklagt oder eintreibt. Die Eskalation einer Rachedynamik beginnt …

Die Interaktionsgeschichte unterschiedlicher Akteure kann unter dem Aspekt der gegenseitigen Kontoführung erklärt werden: Jeder der miteinander Kommunizierenden führt Buch darüber, was er und sein Gegenüber sich gegenseitig Gutes oder Böses angetan haben. Er legt dabei seine eigenen Beschreibungen, Erklärungen und Bewertungen zugrunde (was ja generell nicht unproblematisch ist). Nach dem Muster von Tauschgeschäften werden Geben und Nehmen bilanziert und überprüft, ob die Konten ausgeglichen sind. Es werden Kreditlinien gesetzt, Forderungen eingeklagt. Konflikte können und müssen immer dann entstehen, wenn die Beteiligten sich nicht über die Bewertung von Verhalten und ihre Bilanzierung einigen können. Und das scheitert oft schon daran, dass sie das Geschehen unterschiedlich beschreiben und erklären.

Ausgleichshandlungen sorgen für die Versicherung der Übereinstimmung der Bewertung und schließlich die Glattstellung von Konten. Konflikte werden dann begonnen, wenn keine Einigung über die Bewertung der Konten erreicht werden kann und jeder versucht, auf eigene Faust zu „seinem" Recht zu kommen.

5.5 Eskalation

Die Eskalation eines Konflikts erfolgt nach dem Modell der Steigerung des Einsatzes beim Pokern: A setzt einen Betrag x (= negiert durch sein Verhalten die Erwartungen des anderen), was von seinem Gegenspieler B damit beantwortet, dass er „gleichzieht" (x in den Topf gibt) und den Einsatz noch „erhöht" (x + y). Dies wiederum führt dazu, dass A, wenn er nicht als Verlierer vom Tisch gehen will, seinerseits „gleichziehen" muss und den Betrag, um den B erhöht hat (y), einsetzen muss. Um zu erreichen, dass B aussteigt und aufgibt, wird er seinen Einsatz weiter erhöhen (x + y + z), was von B wiederum eine entsprechende Antwort erfordert ...

Auf die Beziehung der Spieler bezogen, ist derjenige, der mehr gesetzt hat, in der überlegenen Position. Wer aussteigt, akzeptiert diese Beziehungsdefinition und erkennt seine Niederlage an. Der Einsatz ist verloren: The winner takes it all!

Interessant ist hier der Unterschied zwischen Intention und Wirkung der Handlungen der beteiligten Akteure: Beide wollen eine komplementäre Beziehung herstellen, bei der sie selbst in der Position des Gewinners sind („one-up"-Position). Solange der Wettstreit aber noch nicht entschieden ist, das heißt, solange die Eskalation andauert, besteht – von außen gesehen – eine symmetrische Beziehung, denn jeder verneint die Überlegenheit des anderen. Aus diesem Grunde wird solch eine Dynamik auch „symmetrische Eskalation" genannt (vgl. Watzlawick et al. 1967, S. 103).

Das paradoxe Ergebnis des Versuchs, Komplementarität herzustellen, ist Symmetrie – wenn auch in einer sehr dynamischen und anstrengenden Form. Zu erklären ist dieser paradoxe Effekt dadurch, dass zu einer stabilen *komplementären* Beziehungsdefinition immer die beteiligten Partner zustimmen müssen. Symmetrie hingegen lässt sich auch *gegen* den Willen des anderen erzeugen, wie das Beispiel der symmetrischen Eskalation zeigt. Denn sie besteht, solange der Konflikt *unentschieden* ist, d. h. keine der Parteien aufgibt.

In alltäglichen Konflikten, die nicht so formalisiert wie Kartenspiele sind, reicht es, wenn einer der Partner die Eskalationsschritte seines Gegenspielers jeweils ausgleicht. Er muss nicht draufsatteln. Denn auch dann bleibt die Symmetrie erhalten, und die Anerkennung der Niederlage/der Oben-unten-Beziehung kann vermieden werden.

Ohne Kapitulation kein Ende des Konfliktes. Es ist das paradoxe – den meisten Konfliktparteien nicht bewusste – Grundgesetz jeder Konfliktdynamik, dass *der Verlierer bestimmt, wann ein Konflikt beendet ist.*

Beim Pokern und beim Wettrüsten mag man den anderen mit überlegenen finanziellen Ressourcen dazu zwingen können zu „passen". Aber in fast jedem anderen Konflikt reicht es, wenn eine der beteiligten Parteien sich die Option offenhält, dem Gegenpart irgendwann etwas Böses anzutun, um den Konflikt unentschieden zu halten – auch wenn er vielleicht im Moment aufgrund der Erschöpfung (von Ressourcen) nicht aktiv angeheizt wird. Solange er nicht vergessen ist und die offenen Rechnungen nicht allseits als ausgeglichen verbucht sind, kann der Konflikt jederzeit wieder aufflammen.

Unterschiedliche Autoren haben versucht, die einzelnen Eskalationsstufen zu beschreiben, und haben dabei mal mehr, mal weniger Etappen unterschieden. Im Prinzip ist es aber nicht wichtig, wie sie klassifiziert werden, es reicht, ihre Logik zu kennen, um mit ihnen umgehen zu können. Der diagnostischen Orientierung wegen sei hier als Beispiel die Systematisierung angeführt, wie Glasl (2010, S. 236 f.) sie vorgenommen hat. Er unterscheidet neun Schritte und sieht in ihnen – durchaus angemessen – keine Stufenfolge, die nach oben führt, sondern nach unten. Denn Eskalationen sind in der Regel – der Schwerkraft folgend – mit einem Abstieg, dem Risiko des Niedergangs verbunden. Sie münden, wenn sie nicht bewusst unterbrochen werden, im Krieg: einem Konflikt, bei dem alle Beteiligten ihre Existenz aufs Spiel setzen. So versieht denn auch Glasl die letzte Stufe der Eskalation mit der Überschrift: „Gemeinsam in den Abgrund".

Die folgende Darstellung lehnt sich an Glasls Modell an, weist aber einige Veränderungen und Ergänzungen auf. Das bezieht sich vor allem auf die Zuordnung der beschriebenen Phänomene zu psychischen oder sozialen Systemen. Denn was sich in der Psyche der Konfliktparteien abspielt, gehört systemtheoretisch gesehen zur Umwelt des sozialen Konflikts, ist also nicht mit ihm gleichzusetzen. Allerdings dürfte einiges davon auch zum Inhalt der Konfliktkommunikation werden.

	1 **Verhärtung**	2 **Debatte, Polemik**	3 **Taten statt Worte**
soziales System	Standpunkte werden unnachgiebiger vertreten abwertende Ausrutscher, Verkrampfung noch keine Parteien oder Lager	Taktiken: quasi-rational, verbale Gewalt Reden zur Tribüne, über Dritte „scores" gewinnen zeitliche Subgruppen um Standpunkte Diskrepanz „Oberton" und „Unterton" gegenseitige Abwertung	vollendete Tatsachen werden geschaffen nonverbale Kommunikation wird wichtiger als verbale, Diskrepanz zwischen beidem Drohgebärden Gruppenhaut, Kohäsion, Rollen-Kristallisation
psychisches System	Bewusstsein der Spannung Überzeugung, dass Spannung durch Gespräch lösbar	Überzeugung, überlegen, d. h. „besser"/ „stärker" zu sein Polarisation im Denken/Fühlen/ Wollen Schwarz-weiß-Denken	Fehlinterpretationen des Verhaltens des/ der anderen „pessimistische Antizipation", Misstrauen Zeitdruck wird erlebt

Abb. 8: Eskalationsstufen (in Anlehnung an Glasl 2010)

	4 **Images und Koalitionen**	5 **Gesichtsverlust**	6 **Drohstrategien, Erpressung**
soziales System	Gerüchte-Streuen, Image-Kampagnen, Stereotypen einander in negative Rollen manövrieren und bekämpfen Werben um Anhänger, symbiotische Koalitionen dementierbares Strafverhalten paradoxe Aufträge, Double Binds	direkte Angriffe auf Gesicht und Ehre des anderen Vorwurf kriminellen oder unmoralischen Verhaltens, des Verrats Inszenierung von „Demaskierungs"-Ritualen Ausstoßung, Trennung, Verbannung Verteufelung des anderen	Drohung und Gegendrohung Erpressung Forderung wird durch Sanktionspotenzial gestützt selbstverursachter Handlungsdruck, um Glaubwürdigkeit zu bewahren Ultimaten Beschleunigung der Aktionen
psychisches System	selbsterfüllende Prophezeiung durch Selektion der Wahrnehmung/Beschreibung des anderen „Bestätigung" eigener Erklärungen und Bewertungen	Umschreiben der Geschichte, um sie der aktuellen Bewertung des anderen anzupassen Ekel Orientierung an Prinzipien, Werten, Ideologien	Steigerung des Stresses Angst, zu langsam zu sein und den anderen Fakten schaffen zu lassen, die langfristig negative Folgen haben Selbstbild als „Opfer", das reagiert, d. h., der andere ist immer der „Täter"

Abb. 8 (Fortsetzung)

	7 **Begrenzte Vernichtungsschläge**	8 **Zersplitterung, totale Zerstörung**	9 **Gemeinsam in den Abgrund**
soziales System	begrenzte Vernichtungsschläge als „passende Antwort" keine verbale Kommunikation mehr mit dem Gegner „Wer nicht für mich/uns ist, ist gegen mich/uns!"	paralysieren und desintegrieren des feindlichen Systems abschnüren der Exponenten von ihren Unterstützern vitale Systemfaktoren zerstören, um es unsteuerbar zu machen und seine Existenz zu bedrohen	totale Konfrontation Vernichtung des Gegners zum Preis der Selbstvernichtung
psychisches System	Denken in „Dingkategorien" dem Gegner werden die menschlichen Qualitäten abgesprochen Umkehrung der Bewertung: relativ kleinerer eigener Schaden wird als Gewinn verbucht	totale Einengung der Aufmerksamkeit auf den Konflikt, Ausblenden des Rests der Welt Angst-Lust angesichts der eigenen Existenzbedrohung Freiheit von über den Konflikt hinausgehenden (Lebens-) Sinnfragen	Lust am Untergang, solange der Gegner auch untergeht

Abb. 8 (Fortsetzung)

Im Verlauf einer Eskalation kommt es sowohl auf der sozialen wie der psychischen Ebene zur Entdifferenzierung des Weltbildes der Beteiligten, bei der immer mehr die oben zitierten drei semantischen Dimensionen (gut/schlecht, stark/schwach, aktiv/passiv) die Selektion des Verhaltens der Protagonisten bestimmen. Das Freund-Feind-Schema leitet die Beobachtung der Beziehungen, sodass keinem Dritten „erlaubt" wird, eine neutrale Position einzunehmen: „Wer nicht für uns/mich ist, ist gegen mich/uns!" (Das kennt jeder, der schon einmal erleben musste, dass sich ein befreundetes Paar trennt. Es ist nahezu unmöglich, mit beiden – geschiedenen – Partnern weiterhin befreundet zu bleiben. Und das hängt nicht davon ab, ob man das will oder nicht: Sie lassen es beide nicht zu, da sie fordern, Partei zu ergreifen.)

Eine der Merkwürdigkeiten sozialer Konflikte ist, dass sie die psychischen Systeme der Akteure zunehmend von Konflikten befreien. Mögen zu Beginn noch Ambivalenzen erlebt worden sein, mit fortschreitender Eskalation ändert sich das. Die dargestellten psychischen Mechanismen der Konfliktbeseitigung werden auch hier wirksam. Dies lässt sich durch die in der Auseinandersetzung mit dem Gegner erlebte Notwendigkeit, sich der eigenen Handlungsfähigkeit zu versichern, erklären. Man kann dann als Individuum zu aktuellen Zwecken die Vergangenheit umdeuten und neu konstruieren, sodass Selbst- und Fremdbild in sich konsistent (gut/schlecht) bleiben und das Kämpfen nicht behindern …

Die Gewichtung der Sinndimensionen der Kommunikation verändert sich im Verlauf der Eskalation radikal: Die Wichtigkeit der Sachdimension (Inhaltsebene) nimmt ab, die der Sozialdimension (Beziehungsebene) nimmt zu, und die Zeit zwischen den Entscheidungen und Handlungen wird kürzer (Abb. 9).

Man kann solch eine Eskalation auch als Machtkampf verstehen. Sie führt deswegen oft zu katastrophalen Ergebnissen, weil Macht nur dort besteht, wo die Beteiligten sich darüber einig sind. Wenn einer dem anderen keine Macht zubilligt, kann der Möchtegernmachthaber dem anderen negative, destruktive Sanktionen androhen oder sie realisieren (wenn er denn kann). Falls ihm aber mit Gegensanktionen geantwortet wird, kommt es – wie beschrieben – zur Eskalation. Im schlimmsten Fall endet dies im *kriegerischen* Konflikt, bei dem alle Parteien Gewalt anwenden und ihre Existenz aufs Spiel setzen.

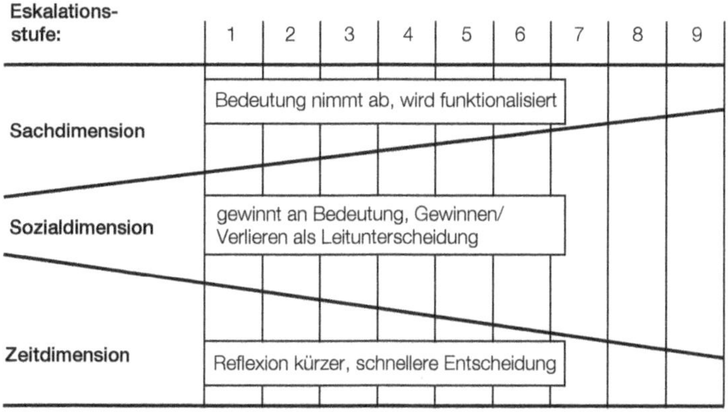

Abb. 9: Gewichtung der Sinndimensionen bei Eskalation

Das ist ein ziemlich hoher Einsatz. Wenn den Beteiligten dies von Beginn an klar wäre, würden sie sich wahrscheinlich nicht darauf einlassen. Dass sie oft genug *gemeinsam in den Abgrund* gehen, ist nur durch die *Veränderung* der psychischen Prozesse – die Beseitigung von Ambivalenzen und psychischen Konflikten – bei den verantwortlichen Entscheidern im Verlaufe des Streits zu erklären.

Kriege, das sollte jedem klar sein, kann man nur gewinnen, wenn man einen *vernichtbaren* Gegner hat oder zumindest einen, der die Kapitulation erklären kann. Andernfalls wird der Konflikt weitergehen. Siege kann man im Krieg gegen Nationen erringen, die irgendwann nicht mehr über genug Ressourcen verfügen, um weiter aufrüsten oder kämpfen zu können. Es funktioniert auch in Unternehmen oder anderen Organisationen, wo der Verlierer „aus dem Feld geschlagen" werden kann (seine organisationale Existenz beendet) und ihm gekündigt werden oder er freiwillig gehen kann. Aber es funktioniert nicht, wo es keine vernichtbaren *handelnden Einheiten* gibt, die besiegt werden könnten, sondern Ideen oder Netzwerke (z. B. der „Terrorismus", das „Weltjudentum", die „Islamisten", das „Christentum"). Und Machtkämpfe dieser Art haben auch wenig Zweck, wenn man dem vermeintlichen Verlierer langfristig weiter begegnet. Deswegen scheitern sie in Familien (z. B. den Eigentümerfamilien von

Familienunternehmen) *immer*, da man sich bei der nächsten Familienfeier wiedertrifft und durch das Erbrecht oder, schlimmer noch, den Gesellschaftervertrag miteinander verbunden ist. Denn in solchen Konstellationen gibt es keinen Endsieg, sondern nur gewonnene oder verlorene Schlachten, nach denen vielleicht eine gewisse Zeit vergeht, in der wieder Kraft gesammelt wird, aber dann geht es munter weiter …

5.6 Paradoxe Konflikte

Paradox können Konflikte genannt werden, bei denen man verliert, wenn man gewinnt. Leider gilt das nicht immer auch umgekehrt: dass man gewinnt, wenn man verliert (obwohl Gewinnen und Verlieren natürlich Bewertungen sind, die vom Beobachter abhängen). Dass die Akteure, die solch einen Konflikt wagen, die Paradoxien – anders als der unbeteiligte Zuschauer – nicht sehen oder sie anders bewerten, darf als sicher angesehen werden.

Das klassische Beispiel eines paradoxen Konflikts stammt aus dem klinischen Bereich: die Anorexia nervosa, die Magersucht. Ein Mensch – meist weiblichen Geschlechts – geht in den Konflikt mit dem eigenen Körper, d. h. mit den von ihm erlebten körperlichen Bedürfnissen. Mit anderen Worten: Er versucht, eine Überordnungs-Unterordnungs-Beziehung zwischen seinem psychischen System und seinem Organismus zu etablieren. Auf diese Weise gelingt es Magersüchtigen, ihren Hunger zu bezwingen (negieren) und weniger zu essen, als ihr Körper zu seinem Erhalt braucht. Wenn sie erfolgreich sind, dann „gewinnen“ sie gegen ihren Körper, aber sie verlieren auch, weil das psychische („triumphierende“) System den Organismus für sein eigenes Überleben braucht. Wenn der Körper schließlich an Organversagen stirbt, dann endet auch das psychische System. Die Autopoiese beider Systeme ist aneinander gekoppelt, sie bilden eine koevolutionäre bzw. symbiotische Einheit, deren Subsysteme nicht isoliert existenzfähig sind.

Es geht bei dieser Art von Konflikt also darum, wie die Grenzen der *kleinsten* Überlebenseinheit definiert werden. Genauso wenig, wie eine Milz ohne den Rest des Organismus überleben kann, können psychische Systeme ohne ihren Körper überleben. Wenn auch nicht in dieser exklusiven Weise, aber doch im Prinzip, kann dies auch für die Beziehung des Individuums zu sozialen Systemen generell gesagt werden: Der Einzelne kann nicht ohne ein ihn (mit)erhaltendes soziales System überleben. Allerdings kann hier die Innen-außen-Unterscheidung unterschiedlich geschneidert sein, das heißt, sie ist nicht von Natur aus vorgegeben und hat sich im Laufe der Geschichte gewandelt. So war man als Individuum zur Zeit der Stammesgesellschaft ohne den eigenen Stamm nicht lebensfähig, sodass die individuellen Wünsche, falls sie in Konflikt mit den Überlebensinteressen des Stammes gerieten, immer zurückzustellen waren. In Zeiten, in denen das Individuum als kleinste ökonomische Überlebenseinheit fungieren kann, steht dem Wechsel des sozialen Kontextes – z. B. Arbeit in einem anderen Unternehmen, einer anderen Kultur oder Wirtschaftsordnung etc. – nichts entgegen. Kündbarkeit und Geld als universelles Kommunikationsmedium sorgen hier für die Entparadoxierung des Konfliktes. Deswegen kann es auch passieren, dass die Führungskräfte eines Unternehmens Entscheidungen treffen, die für das Unternehmen langfristig tödlich sind, während sie selbst aufgrund der erhaltenen Zahlungen gut weiterleben können (vgl. ausführlich Simon 2009).

Ganz anders sieht es aus, wenn beispielsweise die Partikularinteressen einer Dreck schleudernden Industrie über die der Umwelt und damit der Menschheit gesetzt werden ... Wo nicht mehr geatmet wird, werden irgendwann auch keine Geschäfte mehr gemacht. Aber ob dies ein paradoxer Konflikt ist oder nicht, lässt sich wohl erst langfristig beantworten. Bis dahin ist es ein Konflikt, der daraus resultiert, dass der genannte Sachverhalt sich unterschiedlich beschreiben, erklären und bewerten lässt.

6 Die Funktion von Konflikten

Dass Sachkonflikte eine positive Funktion auf die Qualität von Entscheidungen haben können, ist bereits mehrfach betont worden, so dass dies hier nur der Ordnung halber nochmals erwähnt werden soll. Die meiste Aufmerksamkeit wird ihres destruktiven Potenzials wegen zu Recht Beziehungskonflikten gewidmet. Sie werden üblicherweise negativ bewertet. Das entspricht zu einem guten Teil dem Erleben vieler Menschen, die durch sie sehr beunruhigt werden. Auf der anderen Seite gibt es offensichtlich genügend Leute, die Freude am Kämpfen haben und sich vielleicht schon deswegen immer wieder in Streit verwickeln. Davon abgesehen scheint es ein Aspekt der Political Correctness zu sein, solche Konflikte zu verdammen. Denn sie stören die gegebene soziale Ordnung.

Das dürfte aber genau der Grund sein, warum diejenigen, die mit einem gegebenen Status quo nicht einverstanden sind, Konflikte anzetteln. Grund genug, Konflikte nicht von vornherein konfliktfrei zu bewerten und sie im Folgenden mit angemessener Ambivalenz zu betrachten.

6.1 Parasiten

Zu denen, die Konflikten überwiegend kritisch gegenüberstehen, gehört Niklas Luhmann. Er bezieht sich auf das Konzept des „Parasiten“ bei Michel Serres (1980) und hat offenbar eher die destruktive Dynamik von Eskalationen vor Auge, wenn er schreibt:

> „Jeder kann alle Möglichkeiten aktualisieren, die den anderen benachteiligen, und je mehr dies geschieht, um so mehr ist es plausibel. Das System erreicht zu hohe Interdependenz: Ein Wort gibt das andere, jede Aktivität muss und kann mit irgendwelchen anderen beantwortet werden. Die destruktive Kraft des Konfliktes liegt nicht in ihm selbst und erst recht nicht in den Schäden an Reputation, Handlungspotenzial, Wohlstand oder Leben, die er den Beteiligten zufügt; sie liegt in dem Verhältnis zum System, in dem der Konflikt Anlass

> und Ausgang gefunden hatte – etwa im Verhältnis zum Nachbarn, in der Ehe oder Familie, in der politischen Partei, im Betrieb, in den internationalen Beziehungen usw. Insofern eignet sich die Metapher der parasitären Existenz von Konflikten; aber das Parasitentum ist hier typisch nicht auf Symbiose angelegt, sondern tendiert zur Absorption des gastgebenden Systems durch den Konflikt in dem Maße, als alle Aufmerksamkeit und alle Ressourcen für den Konflikt beansprucht werden" (Luhmann 1984, S. 525).

Solch eine negative Bewertung von Konflikten kann dazu führen, ihre für das Überleben des jeweiligen „Wirtssystems" nützlichen Funktionen zu übersehen. Sie können nämlich anzeigen, wo bzw. wenn ein soziales oder psychisches System an die Grenzen seines Aktionsraumes trifft, sein Überleben gefährdet ist und seine Freiheit endet. So gewinnen Widersprüche, die in den Fokus der Aufmerksamkeit treten, ihre Funktion als Auslöser von „Immunreaktionen". Auch die Metapher des Parasiten hat dann eine neutralere Bedeutung. Denn im Französischen wird dieser Begriff nicht nur in der Biologie für schmarotzende Lebewesen, die sich in und von fremden Organismen nähren, verwendet, sondern auch in der Informationstheorie, wo er synonym für „Störung" gebraucht wird. Systemtheoretisch gesehen haben Störungen (Irritationen, Perturbationen) eine ambivalente Wirkung. Sie beeinträchtigen zwar die bis dahin funktionierenden Prozesse und Strukturen, aber sie initiieren gerade dadurch Veränderungen. Ohne solche Störungen kein Lernen, keine Entwicklung, keine Umstrukturierungen, keine Reformen, keine Revolutionen ...

Konflikte haben deshalb als Störungen eine „Alarmierfunktion" (Luhmann 1984, S. 525) und signalisieren, dass etwas geschehen muss. Sie verweisen auf eine prekäre System-Umwelt-Beziehung, die zu entgleisen droht, wenn nicht darauf reagiert wird. Wenn der Widerspruch beseitigt wird und der Konflikt sich in Nichts auflöst, kann das System so bleiben, wie es war. Wenn dies nicht gelingt, dann wird das System sich verändern oder im Extremfall in einen Desintegrationsprozess gleiten: sich spalten, sich auflösen etc. Die Chance, die in jedem Konflikt (bzw. Widerspruch) liegt, besteht in der Systemveränderung, der Entwicklung – sei es des psychischen, sei es des sozialen Systems. Aber darin liegt auch das Risiko, denn Entwicklung ist ja nicht immer positiv zu bewerten.

6.2 Veränderung des Beziehungsmusters

Wenn eine Partei meint, die Beziehung zu einer anderen Partei müsse neu definiert werden, und diese nicht einverstanden ist, kommt es zum Konflikt. Dabei lassen sich mehrere Konstellationen unterscheiden (vgl. Abb. 10).

Im ersten Fall wird versucht, aus einer symmetrischen eine komplementäre Beziehung zu machen. Es soll beispielsweise eine Machtbeziehung, eine Hierarchie etabliert werden, bei der einer dem anderen übergeordnet ist. Wenn etwa ein Unternehmen ein anderes, das bis dahin autonom war, im Rahmen einer „feindlichen" oder „freundlichen" Übernahme (ein wichtiger Bewertungsunterschied) kaufen will, dann ist damit ein radikaler Wandel der Beziehung verbunden. Aus zwei nebeneinander und unabhängig voneinander agierenden Organisationen werden voneinander abhängige Organisationseinheiten, bei denen eine die Leitlinien der Politik vorgibt, die von der anderen umzusetzen sind (nicht die einzige denkbare Form der Übernahme, aber eine, die sich hier als Beispiel eignet). Wenn das zu übernehmende Unternehmen bzw. deren Eigentümer zustimmen, so verläuft solch eine Neustrukturierung ohne Konflikt (wenn auch nicht ohne Probleme). Man ist sich einig über die neuen Machtverhältnisse und die Komplementarität der Beziehung. Ein Partner, der sich freiwillig auf eine solche Abhängigkeitsbeziehung einlässt, verspricht sich dadurch einen Gewinn oder zumindest die Vermeidung eines Verlustes oder einer negativ wirkenden, zu erleidenden Sanktion.

> „Wir beschränken [...] den Machtbegriff auf den Fall, der mit dem (allerdings erläuterungsbedürftigen) Begriff der negativen Sanktion gemeint war. Macht wird nur dann angewandt, wenn gegenüber einer gegebenen Erwartungslage eine ungünstigere Alternativenkombination konstruiert wird. Die Unterscheidung ungünstiger/günstiger ist erwartungsabhängig und damit auch zeitpunktabhängig. Die Ausgangslage kann sehr wohl auf positiven Leistungen des Machthabers beruhen – etwa auf Schutzversprechen, Liebeserweisen, Zahlungsversprechen; sie wird in Macht aber nur dann transformiert, wenn nicht schon die Ausgangslage selbst, sondern ihr Entzug vom Verhalten des Unterworfenen abhängig gemacht wird" (Luhmann 1975, S. 23).

Sind diejenigen, die zu Wohlverhalten (Unterwerfung) motiviert werden sollen, nicht einverstanden – Unternehmen sind hier ja nur ein Beispiel für ähnliche Konstellationen –, so kommt es, um das noch einmal zu unterstreichen, zum Machtkampf, und die Spirale wechselseitiger negativer Sanktionen macht *jede* Eskalation zum Machtkampf.

Wird der Angriff erfolgreich abgewehrt, so bleibt der symmetrische Status quo entweder erhalten, oder aber es entsteht eine komplementäre Beziehung mit umgekehrtem Vorzeichen: Der Angreifer findet sich in der Rolle des Verlierers. Das war bei vielen kriegerischen Konflikten im Laufe der Geschichte zu beobachten (z. B. im Ersten und Zweiten Weltkrieg). Aber auch in der Wirtschaft passiert das gelegentlich, wie etwa beim Versuch Porsches, den VW-Konzern zu übernehmen: Am Ende wurde Porsche von VW geschluckt.

Doch es ist nicht immer nur der Versuch, in die Machtposition zu kommen, der zu Konflikten führen kann, es geht auch umgekehrt: Ein Akteur versucht, in die untergeordnete Position zu gelangen, um etwa auf diese Weise in den Genuss von Aufmerksamkeit, Mitleid, Versorgungsansprüchen etc. zu gelangen.

Im zweiten Konflikttyp, bei dem es um die Veränderung des Status quo geht, wird versucht, aus einer komplementären Beziehung eine symmetrische Beziehung zu machen. Auch hier kann wieder vorausgeschickt werden, dass diese Änderung der Beziehungsdefinition kein Problem darstellt, wenn die beteiligten Parteien sich darüber einig sind. Das ist zum Beispiel der Fall, wenn aus einer Chef-Angestellten-Beziehung eine zwischen Partnern wird. In Anwaltskanzleien oder Unternehmensberatungsfirmen ist dies ein bewährter Weg der Nachwuchssicherung bzw. Karriere. Nach den Lehrjahren wird aus dem Lehrling ein Meister, der nun „auf Augenhöhe" mit seinem alten Vorgesetzten partnerschaftlich zusammenarbeiten kann. Wenn solch eine Neudefinition der Beziehung nicht gelingt oder von demjenigen, der die formal mächtige Position innehat, verweigert wird, dann kommt es entweder zum Konflikt oder zur Trennung. In Familienunternehmen ist diese Art von Konflikt z. B. oft mit der Nachfolgefrage verbunden.

Generell kann man sagen, dass in komplementären Beziehungen das Riskieren eines Konfliktes für denjenigen, der eine symmetrische

Beziehung anstrebt, ein nützlicher Weg ist, den Status quo infrage zu stellen. Denn solange der Konflikt in Gang ist, besteht *de facto* zwischen den Konfliktparteien eine Symmetrie, bei der beide Seiten ihre gegenseitigen Erwartungen negieren. Wie die Angelegenheit ausgehen wird, ist unentschieden, und solange das nicht entschieden ist, herrscht Symmetrie.

Solch eine Konfliktstrategie ist wahrscheinlich kein sehr erfolgreiches Karriererezept, aber in Hinblick auf die Symmetrisierung der Beziehung unschlagbar. Dass sie nützlich in Bezug auf die Inhalts- oder Sachebene ist, muss ebenfalls bezweifelt werden. So ist das Ergebnis solcher Konfliktstrategien oft, dass der Krieg zwar gewonnen wird, aber erobert ist dann nur verbrannte Erde.

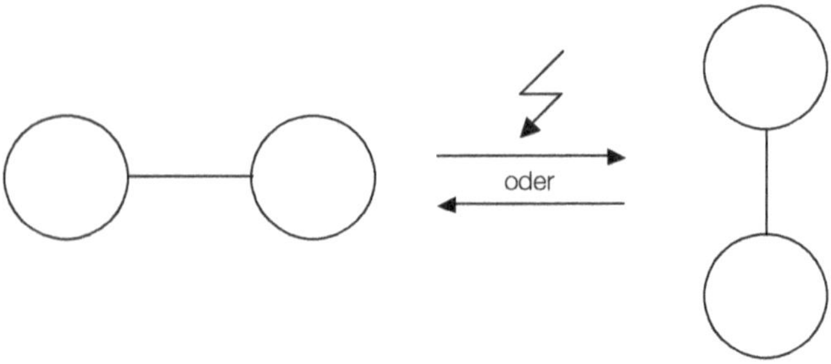

Abb. 10: Änderung der Beziehungsdefinition

Wenn die Prämissen der Beziehung zwischen den Akteuren sich so weit verändert haben, dass eine Verschiebung der Machtverhältnisse droht, wird manchmal, um Konflikten vorzubeugen, versucht, durch Machtdemonstrationen (negative Sanktionen, Verweigerung positiver Gratifikationen) den ursprünglichen Zustand wiederherzustellen. Doch wenn das nötig ist, ist die Macht schon verloren. Denn die Paradoxie der Macht besteht darin, dass Macht dem Mächtigen immer von denjenigen gegeben wird, die sich ihr unterordnen. Der „Untertan“ bestimmt, ob jemand „Herrscher“ ist – zumindest langfristig.

Wenn wir auf die Alarmierfunktion von Konflikten schauen, dann zeigen sie an, dass die internen Beziehungsdefinitionen der Mitglieder oder Subsysteme eines sozialen Systems nicht mehr stimmig sind und einer Neuaushandlung bedürfen.

Beispielhaft sind hier, um ein alltägliches Konfliktfeld zu wählen, Eltern-Kind-Konflikte. In der Pubertät, einem Alter, in dem Kinder sich schon sehr erwachsen und selbstständig fühlen, kommt es fast zwangsläufig zu Konflikten mit den Eltern, die sich immer noch verantwortlich fühlen für das, was ihren Kindern widerfährt und was sie tun oder nicht tun. Ist die Eltern-Kind-Beziehung mit fast volljährigen Jugendlichen noch eine Oben-unten-Beziehung, in der die Eltern „wissen", was für den Jugendlichen gut oder schlecht ist? Oder ist es eine Beziehung zwischen Erwachsenen, die sich sachlich über gegenseitige Pflichten und Rechte auseinandersetzen können? Meist bedarf diese Neudefinition der Beziehung, anders als bei der gesetzlichen Mündigkeit, Jahre mehr oder weniger konfliktreichen Aushandelns, ehe man sich einig darüber ist, was wer von wem zu erwarten hat und was nun anders ist als in der Kleinkindphase. Und manchmal gelingt es überhaupt nicht, solch eine Einigung zu erlangen ...

6.3 Triangulation

Eine sowohl in Familien wie in der Politik zu findende Funktionalisierung von Konflikten besteht in einer Strategie, die frühe Familienforscher „Konfliktumleitung", „perverse Dreiecke" oder „starre Triaden" genannt haben. Sie besteht darin, ein gegebenes Beziehungsmuster (z. B. einer Paarbeziehung oder zwischen Regierung und Bevölkerung eines autoritär geführten Staats) dadurch konfliktfrei zu halten und zu stabilisieren, dass ein Konflikt mit einem Dritten begonnen wird. Auf diese Weise wird in Bezug zu diesem „Außenfeind" oder „Problemträger" eine asymmetrische Beziehung hergestellt, während die internen Beziehungen nicht infrage gestellt werden, solange der Konflikt nicht beigelegt ist (Abb. 11).

Außenkonflikte haben intern eine integrative Wirkung. Das gilt nicht nur für individuelle psychische Konflikte, die nicht erlebt werden, wenn ein Individuum sich im Konflikt mit anderen befindet (siehe Kollusion), sondern auch für Konflikte innerhalb eines sozialen Systems. Wenn ein Paar sich mit den Nachbarn um den Maschendrahtzaun streitet, so hat dies eine verbindende Funktion für die beiden. Die eventuell anstehende Frage, ob die Beziehung in dieser

Form für beide noch stimmig ist, wird aufgeschoben und bleibt daher ungeklärt.

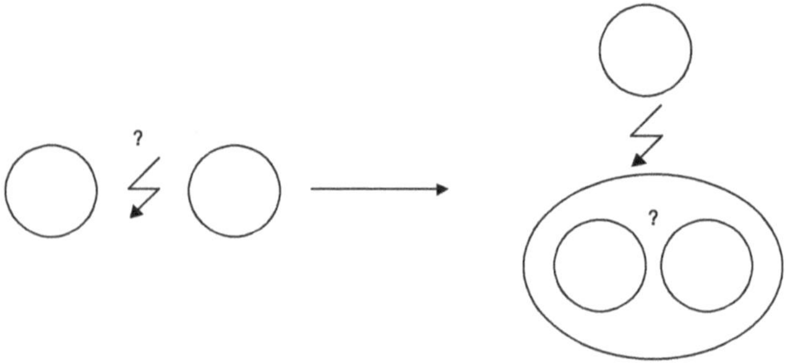

Abb. 11: Triangulation

Insofern ist die Bearbeitung eines Außenkonfliktes immer mit dem Risiko verbunden, dass ein interner Konflikt ausbricht. Hier zeigt sich eine generelle Wirkung der Einbeziehung Dritter in einen Konflikt. In einem Dreieck, bei dem es zu einer 2:1-Konstellation kommt, besteht zwischen der Zweier-Fraktion auf der einen Seite und dem Einzelnen auf der anderen Seite immer Komplementarität, während durch die Außenbeziehung intern Symmetrie hergestellt wird.

Wer Skat spielt, kennt das Prinzip: Mit wenigen Ausnahmen spielt immer ein Spieler gegen die beiden anderen. Die Koalitionen wechseln zwar von Spiel zu Spiel, aber in jedem Spiel ist klar, wer mit wem gegen wen zu kooperieren hat.

Diese Symmetrisierung durch eine Außenbeziehung ist auch das Prinzip, durch das Hierarchie in Organisationen konfliktvermeidend wirkt. Im Streitfall kann sich ein den Konfliktparteien übergeordneter Dritter einmischen, der de facto unkalkulierbar ist, was seine (deswegen lieber zu vermeidenden) Entscheidungen betrifft.

Und diese Funktion der Dreiecksbildung ist auch die Grundlage der Arbeit von Schlichtern, Therapeuten oder Konfliktmanagern.

7 Lösungsmuster und Interventionsstrategien

Prinzipiell muss zwischen den Optionen unterschiedlicher Akteure bzw. Rollen unterschieden werden: Wer an einem Konflikt als Partei (als Einzelner/als Repräsentant einer sozialen Einheit) beteiligt ist, muss sich anders verhalten als ein außenstehender Dritter, dessen Aufgabe es ist, den Konflikt zu beenden oder zu schlichten. Interventionsstrategien, die dem einen nützlich sind, sind es für den anderen nicht, und was in der Funktion des Vermittlers rational erscheint, kann aus der Sicht eines Kontrahenten vollkommen irrational sein. Deswegen soll hier zwischen beiden Positionen unterschieden werden und die Möglichkeiten der Intervention jeweils gesondert diskutiert werden.

Im Folgenden werden einige handwerkliche Rezepte zur Bewältigung von Konflikten skizziert (ohne Anspruch auf Vollständigkeit), die es sowohl den Beteiligten als auch Dritten, die als Schlichter oder Konfliktmanager zu fungieren haben, ermöglichen sollen, ihr Vorgehen zu ordnen und dessen Erfolgschancen zu erhöhen.

7.1 Differenzieren und Sortieren

Dass ein Individuum, das vor einer Entscheidung steht und die Qual der Wahl zwischen unterschiedlichen *sachlichen* Optionen durchlebt, Denken und Fühlen nicht vollkommen trennen kann, ist kaum zu leugnen. Es sollte das auch gar nicht, denn es reicht nicht, wenn Entscheidungen allein sachlich als richtig erscheinen. Sie müssen auch emotional „stimmen", um realisiert zu werden. Deshalb sollten Ambivalenzen auch bei vermeintlich nur sachlichen Fragen nicht einfach übersprungen oder beiseitegeschoben werden. Denn angesichts der Tatsache, dass wir als Menschen über zwei unterschiedlich strukturierte Methoden der Wirklichkeitskonstruktion verfügen (Denken und Fühlen), wäre es irrational, nicht beide zu nutzen (als ob man nur nach Gehör und mit verbundenen Augen Auto fahren würde). Ein weiterer entscheidender Aspekt ist der Zeithorizont, innerhalb dessen Konflikte gelöst werden müssen, oder anders formuliert: die Zeit, die man sich beim Entscheiden lassen kann …

Das alles gilt auch für Entscheidungsfindungen in der Gruppe oder größeren sozialen Systemen: Hier müssen Entscheidungen nicht nur sachlich als sinnvoll kommuniziert und akzeptiert werden, sondern auch sozial. Das heißt, sie müssen auch auf der Beziehungsebene akzeptabel sein, da es sonst zum sozialen Konflikt kommt und/oder Entscheidungen nicht umgesetzt werden.

Individuen bewältigen diese doppelt validierte Entscheidungsfindung jeden Tag – das fängt beim Aufstehen morgens an, setzt sich bei der Frage nach dem Zähneputzen, Frühstücken usw. fort und endet bei der Frage, wann abends im Bett das Licht ausgemacht wird. In sozialen Systemen geschieht dies eher schlecht und recht. Deshalb hier einige Anregungen, wie diese dreifache (emotionale/logisch-diskursive/zeitliche) Bewertung systematisiert werden kann. Wie bei allen lösungsorientierten Methoden beginnt auch bei der Konfliktlösung alles mit der Zieldefinition (sei es individuell/sei es kollektiv).

In der Hitze eines Konfliktes werden wahrscheinlich nicht alle zur Lösung eines Konfliktes sinnvollen oder notwendigen Fragen und Themen in Anwesenheit der gegnerischen Partei beantwortet werden, weil keiner taktische Nachteile eingehen will. Offenheit der Kommunikation ist also nicht vorauszusetzen. Das kann dazu führen, dass man als Schlichter ein spezifisches Setting im Umgang mit verfeindeten Parteien wählen muss. Diese Design-Fragen sind hier erst einmal ausgeklammert. Stattdessen werden Punkte thematisiert, die für die Lösung des Konfliktes oder seine Entscheidung ganz allgemein von Bedeutung sind, sei es aus der Perspektive des Beteiligten oder des vermittelnden Dritten.

7.1.1 Beschreibung

Fragen: *Stellen Sie sich vor, das Ziel ist erreicht und der Konflikt (zwischen p und q) ist gelöst oder entschieden, was ist dann alles anders als jetzt? Beschreiben Sie die Situation aus der Perspektive eines Ethnologen oder kleinen grünen Männchens vom Mars, der keine Ahnung von der Vorgeschichte hat. Welche anderen, neuen Phänomene sind aufgetaucht? Welche harten Fakten lassen sich dann beobachten/messen, die zuvor nicht beobachtbar waren? Was wird* *unverändert erhalten bleiben? Was sehen Sie dann auf der Verhaltensebene? Wer tut was, was er jetzt (noch) nicht macht? Wer macht etwas nicht mehr, was er jetzt (noch) macht?*

Diese Art der Fragen, die man sich selbst stellen kann, die man aber auch einer größeren, miteinander bei der Kreation eines Konfliktes kooperierenden Gruppe stellen kann, dient dazu, Zweck-Mittel-Beziehungen in den Fokus der Aufmerksamkeit zu rücken. Denn häufig entstehen Konflikte um den Weg, den man einschlagen soll, während man sich über die Ziele einig ist. Wenn man sich hingegen über die Ziele streitet, dann hat es auch wenig Zweck, sich über den richtigen Weg den Kopf zu zerbrechen.

Solch ein Einstieg – ob nun allein oder mit Drittem – ermöglicht die Unterscheidung zwischen Zielkonflikt und Wegkonflikt.

Um den konstruktivistisch-handwerklichen Aspekt noch einmal zu betonen: Es geht hier um die phänomenologische *Beschreibung* der Zielerreichung. Die Idee, wie dieses Ziel zu erreichen ist, ergibt sich aus den jeweils konstruierten Erklärungen für die Zielerreichung – und die sind leider nicht immer zielführend. Auf jeden Fall handelt es sich um einen prinzipiell anderen Konflikt, ob man im Konflikt über das Ziel (Beschreibung) oder den Weg dahin (Erklärung) ist.

7.1.2 Zeithorizont

Konflikte kosten Zeit. Manchmal ist diese Zeit gut investiert: wenn durch Reflexion und/oder Kommunikation Aspekte in die Entscheidungsfindung einbezogen werden, die ohne diesen Zeitaufwand nicht hätten bedacht werden können. Manchmal ist solch ein Zeitaufwand aber auch lebensgefährlich, nämlich wenn schnell entschieden werden muss. Daher können Konflikte auch das System, in dem sie sich entwickeln, zugrunde richten. Deswegen ist bei jeder Konfliktbearbeitung wichtig zu sehen, welches Zeitbudget zur Verfügung steht, um eine Lösung zu finden oder – mit welchen Mitteln auch immer – handlungsfähig zu werden:

Fragen: *Wie lange Zeit ist gegeben, um den Konflikt zu lösen? Wenn er nicht gelöst wird, welche Folgen hat das? Auf der Sachebene? Auf der Beziehungsebene? Emotional? Wer beobachtet außerhalb der Konfliktparteien den Konflikt? Welcher Dritte kann/wird sich ein-*

mischen, wenn der Konflikt nicht von den beteiligten Akteuren zu einem Ende gebracht wird? Wie lange wird es dauern, bis er das tut?

Hier geht es darum, dass der oder die Eigentümer des Konfliktes sich darüber klar werden, dass Zeit ein Faktor ist, der mit in die Kalkulation einbezogen werden kann/sollte/muss. Irgendwann wird entschieden, entweder von den Beteiligten oder von Dritten oder der Zeit (z. B. „Soll ich ein Kind bekommen oder nicht?").

Während eines heißen Konfliktes ändert sich das Zeiterleben der Beteiligten. Auf der einen Seite hat jeder die Sorge, dass er taktisch ins Hintertreffen gerät, wenn der Gegenspieler Fakten schafft. Das setzt ihn unter Handlungsdruck. Die Prozesse scheinen sich zu beschleunigen. Auf der anderen Seite verlieren alle aufgrund der starken Fokussierung ihrer Aufmerksamkeit auf das Konfliktgeschehen das Bewusstsein dafür, dass trotz des Konfliktes die Zeit (das restliche Leben) weitergeht. Daher empfiehlt sich für jeden, der in solch einem Konflikt steckt, den Blick auf die Zukunft zu richten und den „Schatten der Zukunft" zu nutzen.

Fragen: *Welche Zukunftsszenarien lassen sich fantasieren? Wenn alles so schlecht wie denkbar verläuft? Wenn es optimal/wie erhofft/gerade noch erträglich verläuft? Wie wahrscheinlich sind die jeweiligen Szenarien?*

7.1.3 Bewertung

Der nächste Aspekt der Zieldefinition besteht dann – nicht wirklich verwunderlich – in der Bewertung der unterschiedlichen Zieloptionen. Auch hier lassen sich gebräuchliche systemische Fragemethoden anwenden:

Wenn Sie die unterschiedlichen, zur Wahl stehenden Ziele A, B, … X in einer Skala von 0 (gar nicht wichtig) bis 10 (sehr wichtig) bewerten sollten, welche Zahl würden Sie denen zuschreiben? Wie ist das Verhältnis von Bauchgefühl zu nüchterner Kalkulation beim Zustandekommen dieser Zahl (50:50, 10:90, was auch immer)? Was sind jeweils die sachlichen Gründe für diese Bewertung? Welche emotionalen Gründe sind es? Welche Beziehungsfolgen haben die unterschiedlichen Ziele, wenn sie erreicht werden sollten? Welche sachlichen Konsequenzen hätten die angestrebten Beziehungsveränderun-

gen? Gäbe es Verlierer und Gewinner? Für wen/welche Partei ist das Erreichen des einen/des anderen Ziels mit größeren Kosten/Gewinnen verbunden? Konkret: welchen?

Hier gelingt es relativ schnell zu unterscheiden, ob es um sachliche oder Beziehungsziele geht. Wenn es um die Inhaltsebene geht, dann kann über p und q und deren Bewertungen, d. h. über Kosten-Nutzen-Rechnungen, noch eine Weile diskutiert werden, falls es die Zeit erlaubt. Es können Expertisen eingeholt, Stellungnahmen von Spezialisten angefordert werden usw. Aber um handeln zu können, muss früher oder später entschieden werden. Bei widersprüchlichen sachlichen Zielen ist dies der Zeitpunkt des Aushandelns von Kompromissen. In der Politik nennt man das auch „Saussage-Making". Ein nicht immer ganz appetitlicher Prozess, der fast nie zu Ergebnissen führt, welche die Konsistenzbedürfnisse von Logikern befriedigen und ein gerüttelt Maß an Ambiguitätstoleranz erfordert. Aber die Konfliktparteien können damit leben und zustimmen.

Ein Prinzip dabei ist, dass nicht über das Ziel entschieden wird, sondern eine Einigung über Wege gefunden wird. Dabei bleibt offen, wohin sie führen. Unterschiedliche Ziele werden als unvermeidlich bzw. als Handlungsgrundlage akzeptiert. Deswegen werden Lösungen gesucht, bei denen alle *irgendwie* auf ihre Kosten kommen. Das Ergebnis ist uneindeutig. Im Tetralemma ist es dem Sowohl-als-auch-Quadranten zuzuordnen, das heißt, es bleibt unentscheidbar, ob p oder q sich durchgesetzt hat, da von allem und für jeden etwas dabei ist.

Man kennt das von Resolutionen des UN-Sicherheitsrates oder anderen politischen Kompromissen, bei denen trotz gegensätzlicher Ziele immer wieder gemeinsame Resolutionen verabschiedet oder Entscheidungen getroffen werden. Man beschreitet eine Zeit lang gemeinsam einen Weg, auch wenn man langfristig in gegensätzlicher Richtung unterwegs ist.

Auch auf individueller Ebene empfiehlt es sich oft, sich nicht für klare Ziele zu entscheiden, sondern die Unentschiedenheit offenzuhalten. Da die Zukunft nicht wirklich berechenbar ist, scheint es durchaus rational, sich möglichst viele Optionen offenzuhalten.

Wenn die p- und die q-Alternative sich allerdings logisch gegenseitig ausschließen und Kompromisse nicht gangbar sind, dann muss irgendwann entschieden werden – und sei es durch Münzwurf –, sofern die Zeit drängt und die Nichtentscheidung keine gangbare Option ist.

7.1.4 Erklärung

Wenn der Konflikt tatsächlich auf der Sachebene zu verorten ist, dann ist eine Entscheidung über das Ziel oder auch den Weg in der Regel nicht sehr problematisch. Man konstruiert unterschiedliche Kausalitäten, nutzt dazu die Erfahrungen aus der Vergangenheit und versucht sie hochzurechnen, um die Wahrscheinlichkeit des Scheiterns und des Erfolgs abschätzen zu können usw. Und wenn man sich nicht auf ein gemeinsames Ziel einigen muss, kann man – wie dargestellt – Kompromisse finden.

Schwieriger wird es, wenn die unterschiedlichen Ziele der Konfliktparteien ihre Beziehung betreffen (symmetrisch vs. komplementär). Denn nun geht es nicht mehr um die Manipulation von Dingen oder Objekten, sondern um die Interaktion und Kommunikation miteinander. Wer hier Kausalitätsideen hat, die aus der mechanischen Welt abgeleitet sind, hat schlechte Karten, sein Ziel zu erreichen.

Die Hauptschwierigkeit besteht darin, dass niemand einseitig über eine Beziehungsdefinition entscheiden kann. Sie bedarf immer der Zustimmung aller Beteiligten, da jeder Beteiligte de facto das Vetorecht gegenüber der gemeinsamen Beziehungsdefinition hat. Wer das nicht sieht, wird versuchen, mit Gewalt zu bekommen, was er nur freiwillig erhalten kann.

Dass die Definition einer Beziehung davon abhängt, dass die Beteiligten sich die mit ihr verbundenen Verhaltenserwartungen *bestätigen* bzw. *nicht verneinen*, ist den meisten Kontrahenten nicht bewusst. Hier kann der Blick auf die Rückwirkungen der eigenen Aktionen zu einer neuen, eventuell weniger konfliktträchtigen Interpunktion der Ereignisse führen.

Fragen: *Wenn Sie wollten, dass Ihr Gegenpart auf keinen Fall tut, was Sie von ihm wollen, wie könnten Sie das am ehesten schaffen? Wenn Sie in die Vergangenheit schauen, wie war seine Opposition in der Vergangenheit am leichtesten zu erreichen? Was bringt ihn am schnellsten auf die Palme? Welche konkreten Schritte könnten Sie* *unternehmen, wenn Sie die Eskalation anheizen wollten? Wenn Sie Ihren Gegner kränken oder ihm seine Ehre nehmen wollten, worauf würde er am zuverlässigsten reagieren? Wenn er bereit wäre, seinen Frieden mit Ihnen zu machen, wie könnten Sie ihn schnell wieder von solchen Gedanken abbringen? Was denken Sie, sind die Minimalziele Ihres Gegenübers, von denen er nicht abrücken kann, um sich weiter im Spiegel anschauen zu können? Welchen minimalen Gewinn braucht er, um aus dem Konflikt aussteigen zu können?*

Mit solchen Fragen wird der Blick auf die (psychischen) Umwelten von Konflikten gerichtet. Sie stellen auch in Rechnung, dass zur Beendigung eines sozialen Konfliktes Ausgleichshandlungen nötig sind. Die Bilanz muss für alle Parteien einigermaßen stimmen, andernfalls wird es kein Ende des Konfliktes geben, sondern nur Pausen. Im Idealfall werden solche Ausgleichshandlungen rituell inszeniert und – wie bei vielen Ritualen unverzichtbar – durch neutrale Zeugen beglaubigt und ratifiziert.

Wer als Beteiligter am Konflikt den Ausstieg sucht, kommt nicht umhin, ein hohes Maß an Empathie für seinen Gegner aufzubringen. Wenn es gelingt, im anderen jemanden zu sehen, der sich durch das, was man selbst tut, legitimiert zu bösen Taten fühlt, wird meist klar, dass Eskalationen und ihr Ausgang nicht berechenbar sind.

Nichts macht Menschen so kreativ, wie zu überlegen, wie man einem „Feind“ (der ja per definitionem und eigenem Erleben das „Böse“ repräsentiert) schaden kann. Es ist geradezu unglaublich, welches Genie dabei aktiviert wird. Auch die schwärzesten Fantasien, die man darüber haben kann, was sich ein Gegner an Bösartigkeit ausdenken könnte, werden erfahrungsgemäß übertroffen. Mit unangenehmen Überraschungen ist also zu rechnen …

7.2 Ausstiegsmöglichkeiten

Um dies noch einmal ganz unmissverständlich zu unterstreichen: Dass man als Akteur, der in einen Beziehungskonflikt verwickelt ist, die Einladung zur Eskalation verspürt, ist der Normalfall, das heißt, es ist wahrscheinlich, dass man erst einmal miteskaliert (und vielleicht lässt sich der Gegner ja wirklich beeindrucken). Dies scheint ein evolutionäres Erbe aus grauen Vorzeiten, dem sich kaum jemand entziehen kann. Die allgemeine Verstehbarkeit von Emotionen (= „symbolisch-generalisierte Kommunikationsmedien") führt dazu, dass Menschen, die eigentlich nichts miteinander zu tun haben, sich extrem schnell in unwahrscheinliche Beziehungen und Interaktionen verwickeln können.

Im Film *Marathon Man* treffen zwei ältere Herren in einer New Yorker Straße aufeinander: Der deutsche Fahrer eines alten Mercedes behindert den jüdischen Fahrer eines ebenso alten Chevrolet. Die beiden haben keine persönliche gemeinsame Geschichte, sondern der Zufall führt sie zusammen. Sie fangen an, sich gegenseitig zu beschimpfen, was nichts damit zu tun hat, dass der eine Jude, der andere Deutscher ist. Doch beides lässt sich als Munition für gegenseitige Abwertungen nutzen. Schließlich kommt es zum Autorennen der beiden, das mit dem gleichzeitigen Aufprall auf einen Tankwagen und dem gemeinsamen Tod endet. Gemeinsam in den Abgrund – ohne jeden sachlichen oder persönlichen Grund.

Wir sind vermutlich alle gefährdet, solche „Einladungen zum Tanz" anzunehmen. Deswegen stellt sich die Frage, wie man wieder aussteigen kann, wenn man erst einmal eingestiegen ist.

Das ist gar nicht so einfach, denn wenn man beschimpft oder abgewertet wird oder ein anderer irgendwelche Maßnahmen ergreift, die einem selbst schaden, so ist dies ein Beziehungsangebot, das kaum zu ignorieren ist. Und der naheliegende Impuls ist, sich zu wehren und Gleiches mit Gleichem zu beantworten.

Wenn man das tut, was ja – wie gesagt – verständlich und wahrscheinlich ist, dann ist der Konflikt als autopoietisches System geboren. Die Negation (der Interessen oder Unversehrtheit) des Ersten führt zur gleichwertigen Antwort des Zweiten, die ihrerseits zur Antwort des Ersten führt usw. Wie und wer angefangen hat, spielt keine Rolle und ist vergessen (oder wird jeweils anders beschrieben). Sicher ist nur, dass das Muster der Kommunikation etabliert ist.

Wer in solch einer Situation aussteigen, d. h. die Eskalation unterbrechen möchte, steht vor dem Problem, dass jede seiner Maßnahmen von seinem Gegenüber als Bestätigung seiner pessimistischen Erwartungen (um)gedeutet wird. Selbsterfüllende Prophezeiungen sind wie Wahnsysteme nicht falsifizierbar. Dies verschärft sich noch, wenn die Eskalation schon auf der Stufe angelangt ist, dass nur noch Taten sprechen und nicht mehr miteinander geredet wird. Sie sind weit vieldeutiger als Worte, obwohl die auch immer im Sinne der eigenen Erwartungen interpretiert werden können.

Also: Was tun?

Wenn man sich der Logik selbsterfüllender Vorannahmen der beteiligten Parteien bewusst ist, dann ist klar, dass man nicht innerhalb einer Zweierbeziehung *einseitig* die Meta-Ebene der Kommunikation einführen kann, um eine Lösung zu suchen. Denn dies wird – misstrauisch – als ein weiterer Schachzug im bösen Spiel des Gegners gesehen. Der gemeinsame Blick auf das in den Abgrund führende Interaktionsmuster ist nur möglich, wenn ein *neutraler* Dritter einbezogen wird, der diesen Prozess steuert. Doch, solange eine der Parteien glaubt, sie könnte langfristig gewinnen, wird sie nicht einverstanden sein, einen Schlichter oder Mediator hinzuzuziehen.

Das begrenzt die Ausstiegsmöglichkeiten desjenigen, der nicht glaubt, in dieser Konfliktdynamik etwas gewinnen zu können. Er muss sich schützen, so gut er kann, aber alles vermeiden, was als weiterer Eskalationsschritt gedeutet werden kann. Auch dann besteht natürlich die Gefahr, dass die Schritte zum eigenen Schutz im Sinne der Eskalation gedeutet werden, aber da kann man dann halt nichts machen. Entscheidend ist, dass er nichts unternimmt, was die Interessen des Gegners *aktiv negiert* – es sei denn, sie konkurrieren im direkten Entweder-oder-Verhältnis mit seinen eigenen Schutzbedürfnissen.

Passive Negation des anderen bzw. seiner Mitteilungen oder Interessen – das ist das Mittel der Wahl. Das heißt nicht, dass man irgendetwas tun sollte, was den Kontrahenten unterstützt. Aber es kann heißen, den Kontakt zu ihm zu reduzieren und ihm aus dem Wege zu gehen. Wo das nicht geht, sollte man sich davor hüten, die verführerischen Einladungen zur Eskalation anzunehmen. Das ist nicht einfach, wenn der Kontrahent sich auf der Siegerstraße wähnt und immer wieder mal ein Schäufelchen Kohle nachlegt, falls der Konflikt abzukühlen droht. Deswegen sind reflexartige Reaktionen zu vermeiden. Antworten auf Mitteilungen sollten nicht spontan beantwortet werden (z. B. *nie* schlagfertige E-Mails per Tastendruck zurücksenden), sondern – wie es alte Bauernregeln nahelegen – nachdem man eine Nacht drüber geschlafen hat. Das nimmt den Dampf aus der eigenen Reaktion und reduziert die Gefahr weiterer Eskalation.

Natürlich sind auch alle Maßnahmen empfehlenswert, durch die es einem selbst besser geht, solange sie nicht aktiv dem anderen schaden.

Da Eskalationen immer eine sportliche Komponente haben und die Lust am Kämpfen nicht zu unterschätzen ist („It's more fun to compete" – alte Flipperweisheit), verliert der Konfliktpartner erfahrungsgemäß die Freude an der Auseinandersetzung, wenn nicht angemessen auf seine Herausforderungen geantwortet wird und er keinen Gegner hat, der Spaß hat mitzuspielen. Außerdem wird damit das Umfeld der nicht direkt am Konflikt Beteiligten weniger zur Parteinahme eingeladen, das heißt, die Bildung von zwei sich feindlich gegenüberstehenden Blöcken wird unwahrscheinlicher. Blockbildung hilft erfahrungsgemäß nicht bei der Lösung, da solche Blöcke ihre eigene eskalierende Dynamik entwickeln, die sich verselbstständigen kann.

Auf diese Weise kann man sich davor schützen, „gemeinsam in den Abgrund" zu steuern, und die Bereitschaft der anderen Partei – die weder richtig siegen kann noch Sorge vor dem Verlieren haben muss – wird erhöht, einen neutralen Dritten als Schlichter, Therapeut, Berater oder Mediator hinzuzuziehen.

7.3 Einführung/Einmischung einer höheren Macht

Dass am Konflikt nicht direkt beteiligte Dritte gern in das Geschehen einbezogen werden, wurde am Beispiel der *Triangulation* deutlich, wo sie zur Bildung von Koalitionen – entweder gegen sie oder mit ihnen – funktionalisiert wurden. Anders ist es bei Dritten, die hierarchisch übergeordnet sind. Solche Strukturen können als Institutionalisierung von Konfliktprävention und Konfliktbearbeitung verstanden werden. Wenn es innerhalb eines symmetrischen Beziehungsgefüges nicht gelingt, eine gemeinsam getragene oder geduldete Entscheidung zu treffen oder umzusetzen, so wird eine übergeordnete Instanz (Vorgesetzter) eingeschaltet (oder sie schaltet sich ein). Eine „höhere Macht" spricht dann das „Machtwort", entscheidet und beendet damit den Konflikt.

Die Verantwortung von Vorgesetzten in Organisationen ist (u. a.), dieselben vor der destruktiven Wirkung von Konflikten im Sinne des Parasitismus zu bewahren. Sie müssen Konflikten, deren Wirkung als destruktiv einzuschätzen ist, ein Ende setzen. Wer hier tatenlos zusieht und sich nicht einmischt, verfehlt seinen Job. Letzteres geschieht leider nur allzu häufig, da viele Chefs meinen, durch eine „Teile-und-herrsche-Strategie" ihre persönliche Macht absichern zu können. Das mag zwar individuell erfolgreich sein, für die Organisation ist es aber lebensgefährlich.

Eine analoge konfliktlösende Funktion hat auf der Ebene des Staates das Rechtssystem. Es verfügt über institutionalisierte Prozeduren der Konfliktbearbeitung, an deren Ende ebenfalls Entscheidungen stehen. Dass es dabei nach seinen eigenen, spezifischen Kriterien zu Entscheidungen gelangt, die weder sehr viel mit den Wirklichkeitskonstruktionen der streitenden Parteien, noch mit der Sache, noch der Beziehung der Akteure zu tun hat, ist ein Aspekt, der die Schwelle zu seiner Anrufung als unabhängiger Dritter eher erhöht („Auf hoher See und vor Gericht ist man in Gottes Hand!"). Denn das Rechtssystem hat nicht die Aufgabe, den Streitparteien dienstbar zu sein (obwohl das gelegentlich auch der Fall ist), sondern den Staat als übergeordnetes System zu schützen. Es wirkt als „Immunsystem" (Luhmann 1993, S. 565), das aktiviert wird, wenn parasitäre Konflikte ihn und seine Lebensfähigkeit infrage stellen könnten. Deswegen kann und muss es auch blind gegenüber den Partikularinteressen der streitenden Parteien sein. Sein Zweck besteht in der Aufrechterhaltung der staatlichen Ordnung. Und dazu kann es sich auf seine formale Macht stützen. Durch das staatliche Gewaltmonopol und seinen Zugriff darauf ist es in der Lage, gegebenenfalls negative Sanktionen gegen die Streitparteien zu verhängen.

Diese Macht ist in vielen Fällen auch der Grund, warum eine Streitpartei die andere vor Gericht zerrt: Sie erwartet sich auf diesem Spielfeld einen Vorteil. Denn es geht nun nicht mehr um die Sach- oder Sozialdimension, um die es bis dahin ging, sondern nur noch um die formalisierten Prozeduren und Entscheidungskriterien, die das Gesetz festlegt. Erfahrungsgemäß ziehen deswegen meist diejenigen vor Gericht, die sich in einem Konflikt auf der Verliererstraße sehen und sich so Unterstützung oder taktische Vorteile erhoffen.

Zusammenfassend kann gesagt werden, dass Dritte, die als „höhere Macht" fungieren, immer die *Verantwortung für Entscheidungen* übernehmen und damit *Unsicherheit* reduzieren und *Handlungsfähigkeit* herstellen. Es ist eine kompensatorische Funktion, die ohne sie von den Streitparteien allein hätte erfüllt werden müssen.

7.4 Der neutrale Dritte – Berater, Vermittler, Mediator, Schlichter, Konfliktmanager, Therapeut …

Es gibt eine weitere Variante und Funktion des Dritten im Konflikt: die des Vermittlers. Seine Rolle ist an seine formale *Machtlosigkeit* gebunden. Er kann *nicht* über die konflikthaften Sachfragen entscheiden, er kann *nicht* bestimmen, wer gewinnt oder verliert, und er kann auch *nicht* festlegen, in welcher Zeit oder wann es zu welcher Art von Veränderung kommt. In all diesen Fragen ist er neutral, d. h. das Gegenteil dessen, was üblicherweise als Entscheider bezeichnet wird (Abb. 12).

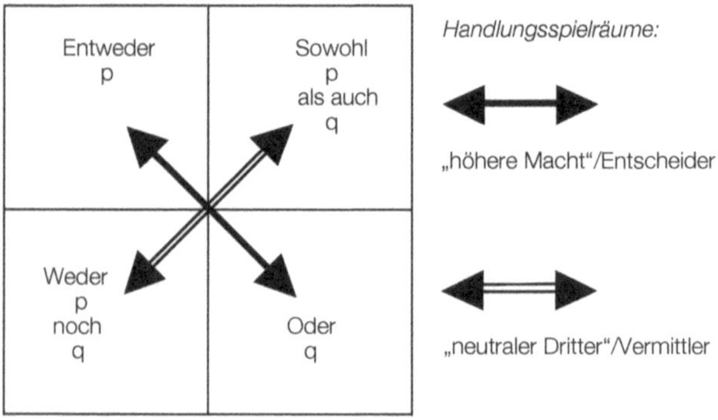

Abb. 12 Macht zu entscheiden vs. Neutralität des Vermittlers

Dass er überhaupt angerufen und einbezogen wird, ist schon ein Schritt in Richtung Konfliktlösung. Denn solange eine der streitenden Parteien glaubt, sie würde sich langfristig gegen die andere durchsetzen können, wird sie nicht zustimmen, einen solchen, über *keine* formale Macht verfügenden und daher nur begrenzt als Bündnispartner nützlichen Dritten einzuschalten. Die Hoffnung muss also bei den Kontrahenten darauf gerichtet sein, dass seine Einbeziehung eine Veränderung des Kommunikationsprozesses und damit der Entscheidungsfindung zur Folge hat.

Dies als sinnvolle Möglichkeit zu erachten, setzt bei den Konfliktparteien meist Scheiternserfahrungen mit andersartigen Lösungsmethoden voraus. Aber, so schlecht die auch gewesen sein mögen, keiner lässt sich auf solch einen Prozess ein, wenn er davon ausgehen muss, dass der Dritte parteilich ist und gegen ihn arbeiten wird. Daher ist dessen *Neutralität* eine der handwerklichen Voraussetzungen für diese Form der Konfliktbearbeitung, für die es unterschiedliche Bezeichnungen gibt (Schlichtung, Konfliktmanagement, Beratung, Therapie usw.). Wie man es nennt, ist eigentlich egal und hängt eher vom jeweiligen Kontext ab, der Ausbildung des Vermittlers, der Organisation oder Institution, für die er tätig ist, die Honorare, die er dafür in Rechnung zu stellen beabsichtigt usw.

Der handwerkliche Umgang mit Fragen der Neutralität und Parteilichkeit während des Beratungsprozesses ist – aus systemischer Sicht – dabei zentral für das Rollenverständnis des Dritten als Konfliktbearbeiter.

Neutralität bedeutet nicht, dass der Berater – so wollen wir die betreffende Rolle hier mal nennen – keine Meinung zu den behandelten Themen haben darf. Aber er sollte – hier kommt die konstruktivistische Position zur Geltung – deutlich signalisieren, dass er nicht im Besitz einer höheren Wahrheit ist, und jede Art von Normativität vermeiden. Wenn die Grundlage jeder Wirklichkeitskonstruktion eine Unterscheidung ist, so wird Neutralität nur dort im Beratungsprozess nötig, wo es um konflikthafte Unterscheidungen (p vs. q) geht. Entsprechend unterschiedlichen Aspekten von Wirklichkeitskonstruktionen sind dann verschiedene Typen der Neutralität gefordert:

Konstrukt-Neutralität: Die Konfliktparteien beschreiben, erklären und bewerten das Geschehen kontrovers, sonst hätten sie keinen Streit. Die Unterschiede ihrer Konstruktionen können sich auf jeden der drei Aspekte beziehen, das heißt, jeder kann strittig sein. Hier gilt es, sich mit *keiner* der nur von einer Seite angebotenen Beschreibungen, Erklärungen oder Bewertungen zu identifizieren, sondern sich die Freiheit zu bewahren, Alternativen in allen drei Bereichen zu suchen (z. B. andere Erklärungen für beschriebene Phänomene zu suchen, alternative Interpunktionen vorzunehmen, positive oder negative Umbewertungen vorzunehmen etc.).

Man kann als Berater durchaus seine eigene Meinung haben, aber falls man sie äußert, sollte man deutlich machen, dass damit kein höherer Wahrheitsanspruch verbunden ist (höchstens eine gewisse persönliche Erfahrung als Berater, Schlichter, Vermittler in den letzten 1000 Fällen ...). Denn jeder Einzelfall ist anders.

Partei-Neutralität: Wie der Name schon sagt, geht es hier darum, über den Parteien zu stehen, d. h. sich nicht zu verbünden. Wenn es gelingt, allen Konfliktparteien den Eindruck zu vermitteln, dass man ihre Interessen im Blick hat („Allparteilichkeit"), dann ist das sicher gut. Aber es ist nicht unabdingbare Voraussetzung für das Gelingen der Vermittlung. Denn es reicht, wenn keine der Parteien den Eindruck hat, man stünde auf der Seite der Gegenpartei. Dass Partei-Neutralität eine der basalen Voraussetzungen jeder Konfliktintervention durch Dritte ist, bedarf keiner großartigen theoretischen Begründung. Schließlich würde ja auch keine Fußballmannschaft einen Schiedsrichter akzeptieren, der sich das Trikot der gegnerischen Mannschaft überstreift und für sie Tore schießt.

Veränderungsneutralität: Alles ändert sich, es sei denn, es wird aktiv aufrechterhalten. Das gilt für jede psychische oder soziale Struktur, jedes Prozessmuster, jede Wirklichkeitskonstruktion, jede Lösungsstrategie, jeden Konflikt ... Deswegen bedarf auch die Nichtveränderung, d. h. die Fortführung des Konflikts, einer Entscheidung, denn irgendwer muss die Konfliktkommunikation fortsetzen. Es geht dabei immer auch um die Frage, ob sich überhaupt etwas ändern soll, und wenn ja: Wer muss was anderes tun – und warum sollte er? Vor allem: Ist es nicht sinnvoller, den Konflikt fortzuführen?

Auch hier muss sich der Konfliktberater neutral zeigen. Denn selbst falls Einigkeit über anstehende oder nicht zu vermeidende Änderungen herrschen sollte, ist die Frage des Timings allemal gut für neue Konflikte.

Neutralität heißt in all den skizzierten Punkten, dass vom Berater eine Außenposition der Beobachtung eingenommen wird, das heißt, er nutzt seine Expertise über die Mechanik und Dynamik von Konflikten und thematisiert alle ihm für die Lösung relevant erscheinenden Themen. Sie beziehen sich vor allem auf die Möglichkeiten der Konfliktparteien, den Streit anzuheizen oder abzukühlen.

Dazu fokussiert er die Aufmerksamkeit auf die Wirklichkeitskonstruktionen der Beteiligten:

Wie beschreiben und erklären die Kontrahenten (unterschiedlich) Entstehung und Verlauf des Konflikts? Wer sind ihres Erachtens die relevanten Akteure? Welches sind die verschiedenen Handlungsoptionen? Wie sind die Szenarien der potenziellen Folgen welcher Entscheidungen? Wie sind die Kosten-Nutzen-Rechnungen – nicht nur materiell, sondern auch ideell? Emotional? Sozial? Welche Szenarien und Fantasien ergeben sich aus der Wahl der diversen Verhaltensoptionen?

Und, nicht zu vergessen, auch hier sollte die positive Kraft des negativen Denkens genutzt werden:

Wenn es Ziel wäre, gemeinsam in den Abgrund zu gehen, wie könnte dies am schnellsten, effektivsten, schmerzvollsten, teuersten usw. erreicht werden? Wer müsste was wann wie tun? Wie könnte hier am besten kooperiert werden?

Wichtig bei der Anwendung aller Interviewtechniken ist das Rollenverständnis des Konfliktberaters als neutraler Dritter. Das bedeutet konkret, dass er die Verantwortung für die Komposition des Beratungsprozesses, der zeitlichen Strukturierung, des Settings (Wer wird wann wie in den Prozess einbezogen?) und vor allem für die Fokussierung der Aufmerksamkeit, d. h. der zu thematisierenden Fragen und Themen etc., übernimmt, aber *keine* Entscheidungen trifft, die über die Gestaltung der Beratung hinausgehen. Er würde andernfalls diejenigen ihrer Funktion enteignen, die per Rollendefinition Entscheidungen herbeizuführen, zu verantworten und zu realisieren haben.

Er stellt stattdessen Fragen, die für die weitere Zukunft des Klientensystems relevant sind:

Wie kommen Entscheidungen im Konfliktsystem zustande? Welche Vorbedingungen müssen dazu erfüllt sein? Wer muss in die Entscheidungsbildung einbezogen werden? Was passiert, wenn das nicht der Fall ist? Wer trägt die Verantwortung, und was passiert, wenn keine expliziten, neuen Entscheidungen getroffen werden? Wie viel Zeit zur Entscheidungsfindung steht zur Verfügung? Usw.

Er übernimmt also nicht die Rolle der „höheren Macht“, des Hierarchen oder des Richters, der über Recht und Unrecht entscheidet. Diese Funktion bleibt bei denen, die mit den Folgen dieser (= ihrer) Entscheidungen zu leben haben. Denn sie sind es, die im Alltag die getroffenen Entscheidungen in Handeln und Kommunikation umsetzen müssen. Sie werden deswegen keine Lösungen akzeptieren, mit denen sie nicht leben können.

Die Paradoxie des Konfliktberaters besteht darin, dass er sein Ziel, die Lösung für den Konflikt, nur erreichen kann, wenn er sich diesem Ziel gegenüber neutral zeigt. Er kann den Konflikt nicht aufgrund seiner Machtvollkommenheit beenden, denn die Möglichkeit für Beendigung wie Fortsetzung liegt allein bei den Konfliktparteien. *Jede* der Parteien hat – ebenfalls paradoxerweise – die Verantwortung dafür, dass der Konflikt so verläuft, wie er verläuft, obwohl *keine* die Kontrolle darüber hat. Ziel des Beratungsprozesses ist, diese Paradoxie der gegenseitigen Abhängigkeiten zu verdeutlichen und mit den Kontrahenten *konkrete* Wege zu ihrer (Auf-)Lösung zu suchen bzw. bei der Umsetzung zu helfen.

7.4.1 Setting

Da die Kommunikation zwischen den streitenden Parteien in der Regel ja eher konfliktverstärkend ist, kommt dem Berater oft die Funktion dessen zu, der nicht nur Mediator, sondern Medium ist, das heißt, er muss erst dafür sorgen, dass wieder eine zivilisierte Form der Kommunikation und Interaktion zwischen den Akteuren möglich wird. Deshalb kann er nicht davon ausgehen, dass gleich alle Beteiligten in einen Raum zusammenzubringen sind, sondern dass dies Aufgabe seiner Vorarbeit ist.

Um das Feld, auf dem sich die Lösungssuche abspielen kann, zu erkunden und abzustecken, empfiehlt es sich, erst einmal in Zweierkontakten mit den Kontrahenten oder ihren Repräsentanten (wenn es sich um soziale Einheiten handelt) auszuloten, was für jede Partei *Minimalziele* sind, die auf jeden Fall erfüllt sein müssen, damit sie einer Entscheidung oder einem Lösungsplan zustimmen können. Schließlich muss jede der Parteien in der Lage sein, mit dem Ergebnis der Verhandlungen nach Hause zu kommen, es den eigenen Gefolgsleuten verständlich zu machen, in den Spiegel zu schauen und dem Publikum gegenüberzutreten, ohne das eigene Image zu riskieren.

Hier ist tatsächlich die Allparteilichkeit des Beraters gefordert, der sich die Sorge um Ehre, Stolz und Ansehen der Parteien zu eigen machen muss. Wenn hier neue Asymmetrien entstehen, weil der einen Partei das Gesicht zerkratzt wird, während die andere als strahlender Sieger triumphiert, ist der nächste Konflikt vorprogrammiert.

Falls dieser Rahmen gesichert ist, kann ein Setting gewählt werden, in dem alle sich gemeinsam der Suche nach konkreten Wegen der Konfliktbeendigung widmen können, die nachhaltig wirken.

7.4.2 Negative Zieldefinition

Eines der Probleme der Konfliktlösung ist, dass sie ein negativ definiertes Ziel hat. Es geht nicht darum, eine Zielvision anzustreben, bei der alle sich lieben, an den Händen fassen und fröhliche Lieder vom Frieden singen. Erreicht werden soll ein Zustand, in dem die Beteiligten sich entweder in Ruhe lassen können oder aber – wenn sie sich nicht aus dem Wege gehen können und ihre gemeinsame Geschichte weitergeht – sich nicht weiter bekriegen. Da Konflikte aktiv durch die Abfolge einander negierender Kommunikationen hergestellt werden, sind also *Unterlassungen* das Ziel. Es soll ein Typus von Handlungen in Zukunft *nicht* mehr vollzogen werden, der bis dahin den Konflikt am Kochen hielt.

Jede Konfliktpartei kann ihn prinzipiell von einem Moment zum anderen starten oder anheizen. Das ist ja das Verführerische am Konflikt: Er verspricht Macht, wo man sich sonst mit der Beschränktheit des eigenen Einflusses zufriedengeben muss. Hier liegt der narzisstische Gewinn für die Kämpfer: Sie können nicht einfach ignoriert werden, wenn sie anderen Schaden zufügen.

Deshalb ist die Zukunftsorientierung wichtig. Eine Methode, sie in die Verantwortung aller Beteiligten zu stellen, ist, *sehr sorgfältig und sehr konkret* durchzuspielen, wie *jeder* es in der Hand hat, auf den „Zünder" zu drücken, der den anderen zum erneuten Losschlagen reizen würde. So kann man von Eskalationsstufe zu Stufe gehen und durchspielen, wo und wie jeder beim nächsten Mal das Muster unterbrechen/anheizen könnte. Das Prinzip ist einfach und systemtheoretisch gut begründbar: *Jedem wird hypothetisch die Verantwortung für die Aktionen der Gegenpartei zugeschrieben*. Auf diese Weise werden alle als Täter *und* als Opfer definiert. Wenn die Spaltung zwischen Opfer (= ich/wir) und Täter (= du/ihr) nicht mehr möglich ist, dann kann im Idealfall jeder seine Handlungsoptionen so erweitern, dass er in Zukunft tatsächlich (anitzipatorisch/reflexiv) die Verantwortung für die Handlungen seiner Gegner mitübernimmt und das unterlässt, was den Konflikt verstärkt …

8 Zehn praktische Tipps für die Lösung von Konflikten

(1) Wenn Sie persönlich oder als Repräsentant einer sozialen Einheit in einen Konflikt verwickelt sind und den Impuls spüren, schnell zu handeln/zu reagieren, dann geht es im Augenblick um die Beziehungsebene. Dasselbe gilt, wenn Ihnen die Worte wegbleiben oder Sie im Moment lieber im Boden versinken würden. Sie spüren emotional die „Einladung" (das Beziehungsangebot) zu Kampf oder Flucht.

Tipp: Tun Sie erst mal gar nichts, oder zählen Sie bis 100.

Das sorgt dafür, dass Sie nicht in eine symmetrische Eskalation einsteigen und Sie in Ruhe überlegen können, was eigentlich Ihr aktuelles Ziel ist.

(2) Da Inhalts- und Beziehungsebene der Kommunikation immer miteinander vermischt sind, überlegen Sie sich, worum es Ihnen eigentlich geht. Wenn es eher inhaltliche Fragen und Entscheidungen sind, dann sollten Sie versuchen, beide Ebenen zu trennen.

Tipp: „Hart in der Sache, aber freundlich im Ton!" Zeigen Sie, dass Sie die Angelegenheit weder persönlich meinen noch nehmen, und hüten Sie sich vor Abwertungen jeglicher Art der anderen Partei gegenüber.

Sie werden zwar immer noch dem Misstrauen begegnen, ob es Ihnen nicht doch darum geht, sich durchzusetzen, aber wenn Sie konsequent bleiben, wird es mit der Zeit schwinden.

(3) Wenn es Ihnen um die Beziehung geht, dann brauchen Sie die thematisierten Inhalte nur hinsichtlich ihrer Bedeutung für die Beziehung zu interessieren. In eine übergeordnete („oben") Position werden Sie dauerhaft nur gelangen, wenn der *sachliche* Gewinn für die Gegenseite („unten") die narzisstischen Kosten auf der Beziehungsebene ausgleicht.

Tipp: Suchen Sie nach einem Feld, auf dem Ihr Gegenüber fundamentale Interessen vertritt, denen Sie zum Erfolg verhelfen können. Sorgen Sie für seinen Gewinn (Ausgleichshandlung).

Da Sie es auf der Gegenseite immer mit eigenverantwortlichen, autonomen Akteuren zu tun haben, sorgen Sie dafür, dass diese gute rationale/emotionale Gründe haben, den Konflikt zu beenden. Die Bilanzen von Geben und Nehmen müssen aus Sicht beider Parteien ausgeglichen sein.

(4) Wenn die Eskalation bereits begonnen hat, dann prüfen Sie, ob dies ein Konflikt ist, den Sie überhaupt gewinnen können. Das ist nur der Fall, wenn Sie einen kapitulationsfähigen oder „vernichtbaren" Gegner haben (damit ist nicht sein Tod gemeint, sondern sein Verlassen des Feldes).

Tipp: Im Zweifel überschätzen Sie lieber die Stärke Ihres Gegners, statt sie zu unterschätzen. Rechnen Sie vor allem mit seiner Kreativität, was überraschende Schachzüge und die Bildung von Koalitionen angeht. Spielen Sie Worst-case-Szenarien durch, bevor Sie handeln.

Meist irrt man sich, was die eigene Stärke bzw. die Schwäche des anderen angeht.

(5) Wenn der weitere Verlauf der Eskalation nicht vorhersehbar ist (und das ist die Regel), dann versuchen Sie auszusteigen.

Tipp: Schützen Sie sich mit allen denkbaren Mitteln vor möglichen schädigenden Interventionen Ihres Gegners, aber unterlassen Sie alles, was ihm aktiv schaden würde. Unterlassen Sie auch alles, was ihm nützen würde.

Diese Art des einseitigen Aussteigens ist zwar schwer, weil es von der anderen Partei meist erst spät oder gar nicht bemerkt bzw. negativ umgedeutet wird. Es ist aber den Versuch wert, zumal das damit verbundene Risiko gering ist.

(6) Wenn die Eskalation für alle Beteiligte zu hohe Kosten bringt oder eine Pattsituation entstanden ist und keine Partei mehr daran glaubt,

den Endsieg erringen zu können, besteht die Chance, einen neutralen Dritten einzubeziehen.

Tipp: Suchen Sie einen Vermittler, der nicht nur von Ihnen, sondern auch von der Gegenpartei als neutral angesehen und akzeptiert wird.

Ab da können Sie die Verantwortung für den Prozess ihm überlassen. Für die zu treffenden Entscheidungen bleibt die Verantwortung aber bei Ihnen.

(7) Wenn Sie der Dritte sind, der in einen „fremden“ Konflikt einbezogen wird, prüfen Sie, ob Ihre Rolle die der „höheren Macht“ ist (Hierarch, Vorgesetzter, Richter etc.). Wenn das der Fall ist, dann haben Sie nicht nur die Macht, den Konflikt zu beenden und für eine Entscheidung zu sorgen, sondern auch die Pflicht.

Tipp: Setzen Sie den Streitenden/dem Streit klare Grenzen und Ultimaten: Wenn bis zum Zeitpunkt x keine Lösung/Einigung gefunden ist, dann mischen Sie sich ein und entscheiden gegebenenfalls nach eigenem Gutdünken.

Sie können hier natürlich auch alle möglichen Hilfsangebote zur Schlichtung machen, d. h. auch die Einbeziehung eines neutralen Dritten vorschreiben. Aber all das geschieht im Rahmen einer eindeutig komplementären Oben-unten-Beziehung.

(8) Wenn Sie als Berater einbezogen sind, dann achten Sie auf Ihre Neutralität, denn sie ist die Grundlage und Voraussetzung Ihrer Arbeitsfähigkeit.

Tipp: Geben Sie den Konfliktparteien die Verantwortung für den Fortschritt des Prozesses und Ihre Neutralität. Reflektieren Sie regelmäßig mit ihnen die Frage, ob der Prozess bis dahin als nützlich erlebt wurde, ob die Richtung stimmt, ob Sie selbst die Neutralität bewahrt haben, was gegebenenfalls zu ändern ist …

Da der Prozess letztlich von allen Beteiligten gestaltet wird, ist es nur realistisch, die Verantwortung dafür miteinander zu teilen. Dasselbe gilt für die Neutralität des Beraters. Sie liegt im Interesse aller Parteien, sodass die auch darauf achten sollten, dass sie nicht verloren geht.

(9) Als Experte für die Gesetzmäßigkeiten von Konflikten haben Sie wahrscheinlich Ideen, wie eine Lösung aussehen könnte. Bleiben Sie auch in dieser Hinsicht neutral, ohne aber Ihre Erfahrung zu verleugnen.

Tipp: Bringen Sie Ihre eigenen Lösungsideen ein, aber tun Sie das eher in Form von Fragen, ob dies oder jenes ginge ... Erzählen Sie beispielhafte Geschichten, in denen eine Lösung gefunden wurde. Aber verlieben Sie sich nicht in Ihre eigenen Ideen.

Wichtig ist, dass dies nicht zu Ihrem Konflikt wird, das heißt, dass Sie keine eigenen Aktien im Spiel haben.

(10) Lösungen von Konflikten sind in der Regel nicht logisch konsistent, nicht optimal, weder aus der Sicht der Konfliktparteien noch aus der des vermittelnden Dritten. Aber es geht nicht um ästhetische und logische Kriterien, sondern um Machbarkeit. Pragmatik erfordert Ambiguitätstoleranz.

Tipp: Geben Sie sich mit jeder Lösung zufrieden, bei der die Aussicht besteht, dass sie langfristig tragfähig sein könnte. Suchen Sie auf keinen Fall eine perfekte Lösung.

Das Leben ist einfach nicht perfekt, ja, ganz im Gegenteil: Perfektion und Leben sind nicht miteinander vereinbar. Perfekt kann nur sein, was vorbei ist. Konflikte können es daher sein. Und was wäre besser als ein perfekter Konflikt?

Literatur

Bateson, G. (1935): Kulturberührung und Schismogenese. In: G. Bateson (1972): Ökologie des Geistes. Frankfurt am Main (Suhrkamp), 1981, S. 99–113.

Bateson, G. (1942): Moral und Nationalcharakter. In: G. Bateson (1972): Ökologie des Geistes. Frankfurt am Main (Suhrkamp), 1981, S. 133–155.

Ciompi, L. (1982): Affektlogik. Über die Struktur der Psyche und ihre Entwicklung. Ein Beitrag zur Schizophrenieforschung. Stuttgart (Klett-Cotta).

Creveld, M. van (1991): Die Zukunft des Krieges. München (Gerling Akademie), 1998.

Dicks, H. (1967): Marital Tensions: Clinical Studies Towards a Psychological Theory of Interaction. New York (Basic Books).

Elster, J. (1979): Aktive und passive Negation. In: P. Watzlawick (Hrsg.) (1981): Die erfundene Wirklichkeit. München (Piper), S. 163–191.

Freud, S. (1926): Hemmung, Symptom und Angst. Gesammelte Werke, Bd. XIV, S. 111–205.

Glasl, F. (2010): Konfliktmanagement. Bern (Haupt), 9., aktual. u. erg. Aufl.

Goffmann, E. (1967): Interaktionsrituale. Frankfurt am Main (Suhrkamp), 1971.

Jaspers, K. (1937): Descartes und die Philosophie. Berlin (de Gruyter), 4. Aufl. 1966.

Loriot (2007): Herren im Bad. Und sechs andere dramatische Geschichten. Zürich (Diogenes).

Luhmann, N. (1975): Macht. Stuttgart (Enke).

Luhmann, N. (1984): Soziale Systeme. Grundriß einer allgemeinen Theorie. Frankfurt am Main (Suhrkamp).

Luhmann, N. (1993): Recht. Frankfurt am Main (Suhrkamp).

Maturana, H. (1978): Repräsentation und Kommunikation. In: H. Maturana (1982): Erkennen: Die Organisation und Verkörperung von Wirklichkeit. Braunschweig (Vieweg), S. 272–296.

Osgood, C. E., W. May a. M. Miron (1975): Cross-cultural Universals of Affective Meaning. Urbana (Univ. of Illinois Press).

Peirce, C. S. (1898): Das Denken und die Logik des Universums. Die Vorlesungen der Cambridge Conferences von 1898. Frankfurt am Main (Suhrkamp), 2002.

Schmitt, C. (1932): Der Begriff des Politischen. Berlin (Duncker & Humblot), 6. Aufl. 1996.

Serres, M. (1980): Der Parasit. Frankfurt am Main (Suhrkamp), 1987.

Simon, F. B. (1988): Unterschiede, die Unterschiede machen. Klinische Epistemologie: Grundlage einer systemischen Psychiatrie und Psychosomatik. Überarbeitete Taschenbuchausgabe, Frankfurt am Main (Suhrkamp), 4. Aufl. 2006.

Simon, F. B. (1990): Meine Psychose, mein Fahrrad und ich. Zur Selbstorganisation der Verrücktheit. Heidelberg (Carl-Auer), 14. Aufl. 2017.

Simon, F. B. (2001): Tödliche Konflikte. Zur Selbstorganisation privater und öffentlicher Kriege. Heidelberg (Carl-Auer), 2., erw. u. korr. Aufl. 2004.

Simon, F. B. (2004): Zur Systemtheorie der Emotionen. *Soziale Systeme* 10: 111–139.

Simon, F. B. (2006): Einführung in Systemtheorie und Konstruktivismus. Heidelberg (Carl-Auer), 8. Aufl. 2017.

Simon, F. B. (2007): Einführung in die systemische Organisationstheorie. Heidelberg (Carl-Auer), 6. Aufl. 2018.

Simon, F. B. (2009): Einführung in die systemische Wirtschaftstheorie. Heidelberg (Carl-Auer).

Spencer-Brown, G. (1969): Laws of Form. New York (Dutton).

Spitz, R. (1957): Nein und Ja. Stuttgart (Klett-Cotta), 4. Aufl.

Stierlin, H. (1956): Die Anpassung an die Realität der „stärkeren Persönlichkeit“. In: H. Stierlin (1975): Von der Psychoanalyse zur Familientherapie. Stuttgart (Klett), S. 50–64.

Varga von Kibéd, M., I. Sparrer (2000): Ganz im Gegenteil. Tetralemmaarbeit und andere Grundformen Systemischer Strukturaufstellungen. Heidelberg (Carl Auer).

von Foerster, H. (1988): Abbau und Aufbau. In: F. B. Simon (Hrsg.) (1997): Lebende Systeme. Wirklichkeitskonstruktionen in der systemischen Therapie. Taschenbuchausgabe, Frankfurt am Main (Suhrkamp), S. 32–51.

Watzlawick, P., J. H. Beavin u. D. D. Jackson (1967): Menschliche Kommunikation. Bern (Huber), 1969.
Willi, J. (1975): Die Zweierbeziehung. Reinbek (Rowohlt).

Über den Autor

Fritz B. Simon, Dr. med., Univ.-Prof.; Studium der Medizin und Soziologie; Psychiater und Psychoanalytiker, systemischer Therapeut und Organisationsberater. Forschungsschwerpunkt: Organisations- und Desorganisationsprozesse in psychischen und sozialen Systemen. Autor bzw. Herausgeber von ca. 300 wissenschaftlichen Fachartikeln und 33 Büchern, die in 15 Sprachen übersetzt sind, u. a.: *Radikale Marktwirtschaft* (1992), *Die andere Seite der Gesundheit* (1995), *Die Kunst, nicht zu lernen* (1997), *Zirkuläres Fragen* (1999), *Tödliche Konflikte* (2001), *Die Familie des Familienunternehmens* (2002), *Gemeinsam sind wir blöd!?* (2004), *Mehr-Generationen-Familienunternehmen* (2005), *Einführung in Systemtheorie und Konstruktivismus* (2006), *Einführung in die systemische Organisationstheorie* (2007), *Einführung in die systemische Wirtschaftstheorie* (2009), *„Zhong De Ban" oder: Wie die Psychotherapie nach China kam* (2011), *Einführung in die Theorie des Familienunternehmens* (2012), *Wenn rechts links ist und links rechts* (2013), *Einführung in die (System-)Theorie der Beratung* (2014), *Formen. Zur Kopplung von Organismus, Psyche und sozialen Systemen* (2018), *Anleitung zum Populismus* (2019), *Der Streit ums Nadelöhr* (2019), *Lockdown: Das Anhalten der Welt* (2020).